Grigori Petrovich Grabovoï

INTRODUCTION
AU PILOTAGE
DE LA RÉALITÉ

Enseignements sur le salut
et le développement harmonieux

Grigori Petrovich Grabovoï

INTRODUCTION
AU PILOTAGE
DE LA RÉALITÉ

Enseignements sur le salut
et le développement harmonieux

Conçu et réalisé par
Grigori Petrovich Grabovoï
en 2001

Catalogage avant publication de Bibliothèque et Archives nationales
du Québec et Bibliothèque et Archives Canada

Grabovoï, Grigori, 1963-

   Introduction au pilotage de la réalité

   (Enseignements sur le salut et le développement harmonieux)

   Traduit du russe.

   ISBN 978-2-923568-21-8

   1. Conscience. 2. Réalité. I. Titre.

BF311.G72214 2015   153   C2015-941726-0

Éditions
Les Éditions Saint-Germain-Morya
C. P. 67004, succ. LeMoyne
Saint-Lambert (Québec) J4R 2T8
Canada

Diffusion
www.saint-germain-morya
edition@saint-germain-morya.com
direction@saint-germain-morya.com

Dépôt légal
Bibliothèque et Archives nationales du Québec
Bibliothèque et Archives Canada
Bibliothèque Nationale de France
3ᵉ trimestre 2015

ISBN : 978-2-923568-21-8

1 2 3 4 5 - 15 - 19 18 17 16 15

Imprimé au Canada

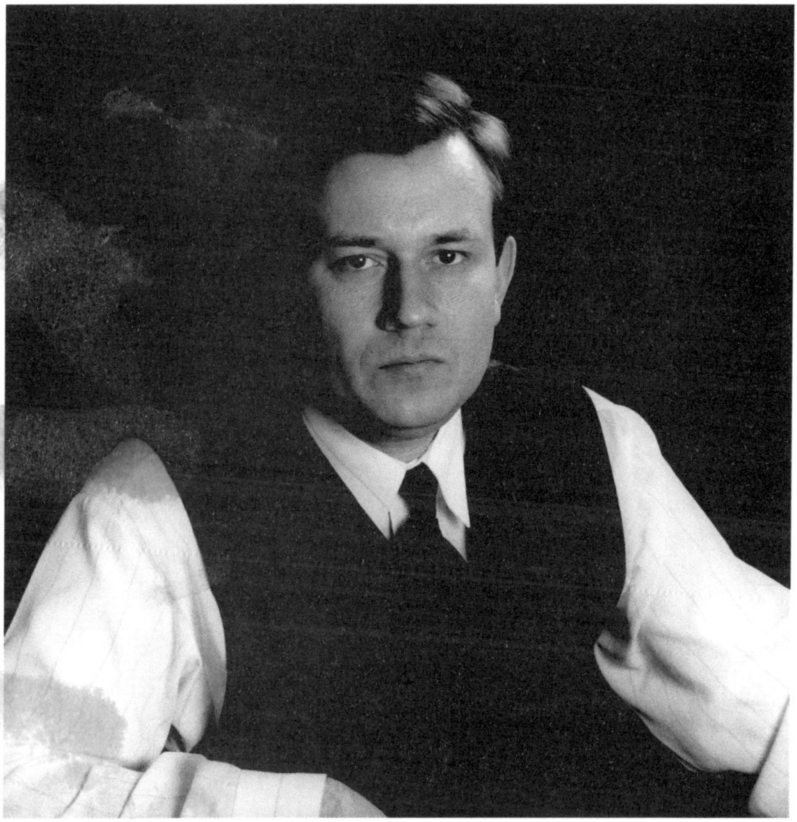

Grigori Petrovich GRABOVOÏ

Séminaires

Les enseignements de Grigori Grabovoï

Le Dr Viatcheslav Konev anime une série de séminaires sur les enseignements de Grigori Grabovoï en Europe et en Amérique. Ces séminaires sont coordonnés par Ischaïa, éditrice aux Éditions Saint-Germain-Morya. Pour connaître les dates des séminaires, communiquer avec Les Éditions Saint-Germain-Morya.

www.saint-germain-morya.com

LETTRE DE RECOMMANDATION ET D'INVITATION

Viatcheslav Konev a participé à mes nombreux séminaires, je lui ai également donné des cours spécialisés de façon individuelle, où il avait atteint un haut niveau. Sa bonne expérience pratique lui permet de transmettre des connaissances relatives à mon enseignement de manière claire et accessible aux auditeurs. En conséquence, je le recommande en tant qu'enseignant pour dispenser les séminaires de 3 jours organisés par Les Éditions Saint-Germain-Morya au Canada, en France, en Suisse et en Italie sur les sujets suivants : l'édification du bonheur, l'enseignement sur l'Amour, la gestion du temps, le rajeunissement, l'enseignement sur l'Esprit, la structure fondamentale de l'Univers, et autres sujets. Ses performances réelles dans l'application des techniques de salut et de développement harmonieux, les résultats parfaits que Konev a obtenus en formant plusieurs personnes de divers pays permettront aux participants aux séminaires d'assimiler rapidement et efficacement l'enseignement.

Cordialement,

Grigori Grabovoï

SOMMAIRE

INTRODUCTION

Mon enseignement s'adresse à chaque personne, à chaque communauté, à chaque association. C'est un instrument de salut dont on peut se servir pour prévenir une éventuelle catastrophe globale et assurer le développement harmonieux et créateur de l'humanité. Pour atteindre cet objectif, j'ai personnellement testé les outils de sauvetage basés sur la conscience.

Ces outils sont relativement simples. Par la pensée, nous pouvons générer un événement voulu quelque part dans l'espace. Peu importe la distance qui nous sépare de ce point. Rapide et précis, ce « pilotage » basé sur notre conscience est à la portée de tous. De plus, beaucoup l'utilisent sans s'en rendre compte : en réfléchissant à un problème, on trouve une solution ou on prend une décision plus facilement.

Mon enseignement a pour objectif de révéler les structures de la conscience, les principes et les approches permettant de gérer nombre de situations, notamment celles qui demandent une résolution rapide, pour transformer la réalité sans causer de préjudice à qui que ce soit. Je continuerai à développer les connaissances que je partage avec vous aujourd'hui.

Celui qui les aura assimilées pourra réellement échapper à la mort et sauver son entourage en cas de catastrophe globale, qu'elle soit d'origine naturelle ou provoquée par l'emploi d'armes biologiques, chimiques ou autres. Mes outils de sauvetage reposent sur notre conscience qui se focalise sur des endroits de l'espace physique ou de la pensée. Ce pilotage permet vraiment d'éviter des événements désastreux.

Le développement harmonieux et créateur est un facteur de l'évolution éternelle, principe selon lequel Dieu agit. Chaque élément de l'enseignement est conforme à la connaissance que Dieu nous donne sur la structure, les processus et la maîtrise de l'Univers.

En appliquant des techniques de structuration de la conscience, relatives au système du salut et du développement harmonieux, j'ai guéri des malades du cancer et du sida en phase terminale, et j'ai eu des cas de résurrection lorsque le retour à la vie semblait absolument irréel.

Mon enseignement vise, entre autres, à démontrer la possibilité de reconstituer complètement toute matière et toute information. Il s'ensuit que la destruction est absurde. Je propose des technologies de la conscience qui permettent de «piloter» les installations techniques, les systèmes de prévision, tout élément de la réalité, tout événement physique.

Lorsque vous combinez la logique de prise de décision, une technologie de structuration de la conscience et une technique de sauvetage immédiat pour résoudre divers problèmes de la vie quotidienne liés à votre santé ou à vos affaires, par exemple, vous êtes en fait sur le chemin du salut.

Ainsi, vous avez à votre disposition un moyen qui vous rend réellement indépendant. Le libre arbitre qui s'exprime comme la volonté de créer est un des principes divins de l'Univers. Par exemple, en marchant dans la rue, vous voyez des arbres, des voitures, une vie qui se déroule autour de vous. Vous comprenez que toutes ces choses créées par Dieu sont interconnectées, qu'il faut faire en sorte qu'elles perdurent et évoluent éternellement, selon le dessein du Créateur.

En fait, tout cela est développé dans mon enseignement dont chaque composante, voire chaque phrase, est un moyen pour atteindre le salut et évoluer harmonieusement vers l'Éternité. L'enseignement intégral s'applique à tous les niveaux de conscience et concerne tous les participants des événements intérieurs et extérieurs.

1

LES PRINCIPES
DE L'ENSEIGNEMENT
DE GRIGORI GRABOVOÏ

1. L'enseignement s'adresse à tous.

2. Il s'adresse à chacun, personnellement.

3. Il est diffusé dans le monde entier.

De surcroît, l'information est communiquée aussi bien aux animaux et aux plantes qu'aux êtres humains.

Cette règle est facile à comprendre car, par son activité, l'homme agit sur son lieu de vie, où il fonde une famille.

Puisque toutes les choses sont interconnectées, l'influence de l'homme s'étend sur l'ensemble du monde.

De ce fait, mon enseignement vise à la fois le salut universel et celui de chacun. En suivant ce chemin, chaque personne doit réaliser de façon constructive son propre programme de vie, sans nuire à aucun système évolutif périphérique ou central.

Il s'ensuit que mon enseignement représente le chemin de la vérité, que chaque individu trace à sa manière. Par conséquent, une des principales règles consiste à marier l'individuel et l'universel, le particulier et le général. Ainsi, quel que soit notre niveau d'évolution, nous possédons une base solide sur laquelle nous pouvons nous appuyer pour percevoir un moyen de pilotage approprié au moment.

Il est également possible de travailler une situation du futur pour la régler. Dans ce cas, il faut comprendre ce que nous devons faire aujourd'hui pour que notre présent, notre futur et notre passé soient harmonieux et conformes aux principes de l'évolution créatrice universelle.

Il est impératif que les actes de chaque être humain visent le salut de tout le monde et la « macrorégulation ». Autrement dit, chacun doit être vraiment concerné par tout ce qui se passe autour de lui. C'est pourquoi apprendre à agir selon les préceptes du Créateur constitue un élément fondamental de mon enseignement.

Cela rend plus durable l'assimilation des connaissances. La structure de mon enseignement permet sa transmission très rapide. De plus, nous sommes dotés de mécanismes qui donnent un accès immédiat à l'information, en cas d'urgence, ou permettent une analyse subtile et minutieuse des éléments de la réalité, pour qu'ils évoluent de façon créatrice.

Quant à la diffusion de mon enseignement, elle peut se faire non seulement de manière verbale, mais également à travers les champs informationnels.

Profondément spirituel et créateur, mon enseignement vise la transformation des humains au cours de leur évolution. Il ne s'agit certainement pas de la transmutation de l'espèce ; nous cherchons plutôt à modifier le comportement de l'homme pour qu'il ne nuise plus à la nature ni à lui-même.

Par conséquent, mon enseignement comprend les principes relatifs à l'organisation de la réalité physique et son évolution. Ils sont relatifs aux différents types d'énergie, d'aliments et d'activité humaine. Cette dernière doit viser la création des conditions idéales d'une vie harmonieuse. Il existe déjà des appareils qui fonctionnent sans source d'énergie extérieure, comme notre conscience.

Pour cette raison, apprendre à créer à partir de la conscience, comme le fait Dieu, est un principe fondamental de mon enseignement. Nous avons une technologie spécifique qui rend durables tous les fruits de l'activité humaine, à condition qu'ils soient conformes au processus créateur, bénéfiques pour la vie et l'évolution de l'humanité. Cette technologie repose uniquement sur l'emploi de notre propre conscience, qui est apte à structurer, à créer et à piloter les objets. Mais elle permet aussi une organisation juste de la société à tous les niveaux.

1.1. PILOTER PAR LA CONSCIENCE LES ÉVÉNEMENTS DES PLANS PHYSIQUE ET INFORMATIONNEL

Mon enseignement propose des technologies spécifiques pour piloter tout genre d'événements par notre conscience. C'est un niveau où le pilotage ne peut être que créateur et contribuer à l'évolution perpétuelle. Alors, aucune destruction n'est possible. La conscience est un moyen sécurisé et adapté à toute technologie, nous pouvons nous en servir en tout temps et partout.

Eu égard à ce postulat, nous avons la possibilité de piloter les événements du plan physique, ou informationnel, afin de les rendre bénéfiques pour tout le monde et de permettre à chacun de se réaliser. En réalité, ce système de pilotage ne dépend que de nous.

Il convient de se référer à *La Pratique du pilotage, la voie du salut,* ouvrage en trois volumes où je relate mon expérience dans le diagnostic d'équipements, dans la matérialisation et la dématérialisation d'objets. J'y cite également des cas de guérison, notamment des maladies dites incurables, et de résurrection. Le pilotage effectué depuis notre conscience n'est nullement limité, puisqu'il est créateur.

De ce fait, l'étude des méthodes de pilotage basées sur la conscience est impérativement comprise dans mon enseignement. Vu que ce pilotage est une réalité objective, j'ai créé des appareils de prévention des catastrophes et de transmission de la pensée. Ils sont l'objet des brevets respectifs, « Moyen et dispositif de prévention des catastrophes » et « Système de communication d'informations ». L'utilisation de ces appareils prouve que la conscience, c'est-à-dire la pensée, est d'une nature matérielle objective.

Pour agir sur les événements, il suffit d'avoir une forme de pensée adaptée ou de se concentrer sur un point précis. Ce postulat est facile à comprendre, car tous les éléments de la réalité sont interconnectés. Imaginons une sphère contenant la totalité de l'information de l'Univers. Il est évident qu'à l'intérieur de cette sphère, tous les éléments sont liés les uns aux autres.

Alors, en transformant un seul élément, notamment dans notre conscience, nous pouvons influer sur l'Univers entier. Le pilotage de tout processus, qu'il soit physique ou informationnel, dépend de l'âme de l'homme, de sa conscience, de son évolution qui tendent vers le niveau de Dieu, le Créateur. En observant la répartition de l'information, dirigée par notre pensée au sein de la sphère, nous parvenons à piloter toute chose et à créer une nouvelle réalité à n'importe quelle distance.

1.2. ACTIONS INDIVIDUELLES ET COLLECTIVES SUR LA RÉALITÉ PHYSIQUE ET SPIRITUELLE

D'après mon enseignement, il est nécessaire d'agir correctement de manière individuelle mais aussi collective. Au fur et à mesure de notre évolution, il nous faut acquérir un mécanisme de pilotage précis. Nous utilisons certaines connaissances et fournissons des efforts pour réaliser nos projets. Alors, cette réalisation sera plus efficace et rapide, nous parviendrons à éviter une éventuelle catastrophe globale si nous visons l'évolution harmonieuse et éternelle.

Je propose à cette fin des technologies concrètes qui permettent d'agir sur le plan physique en partant de l'état actuel des choses. Ce dernier, à son tour, résulte de notre propre pilotage, des procédés spéciaux de la pensée et d'une analyse ciblée des événements courants. De plus, nos actions doivent reposer sur le respect des lois établies par le Créateur. Alors, nous pouvons trouver des solutions parfaites, adaptées à chaque situation, pour assurer l'avenir éternel.

2

LES COURANTS
DE L'ENSEIGNEMENT
DE GRIGORI GRABOVOÏ

Les courants de mon enseignement sont dictés, avant tout, par la nécessité d'avoir un système de pilotage approprié à la situation réelle. Aujourd'hui, il existe beaucoup de moyens de destruction massive. Une menace peut venir aussi de l'espace cosmique. Dans ces conditions, chacun de nos actes doit être orienté vers le salut. Échapper à une catastrophe globale est possible à condition d'éprouver une harmonie intérieure et de réaliser que nul ne nous met en péril ni n'entrave notre liberté.

Autrement dit, nous ne sommes jamais démoralisés, mais habités par la paix et la joie. Nous contribuons à l'évolution de la planète. Le salut, en cas de catastrophe globale, et l'évolution harmonieuse sont deux courants de mon enseignement qui convergent et qui découlent souvent l'un de l'autre. Certaines technologies spécifiques permettent de conférer à l'objet de notre action des éléments d'harmonie et un salut instantané ou progressif.

Il est indispensable de développer notre esprit pour devenir éternels et capables de sauver tout le monde dans toute situation. Par conséquent, nous devons toujours considérer les deux courants ensemble, même si l'approche systémique veut les séparer.

2.1. LE SYSTÈME DU SALUT EN CAS DE CATASTROPHE GLOBALE

Ce système prévoit une réelle possibilité de salut grâce à notre propre conscience. De plus, chacun de nos gestes quotidiens doit contribuer à l'évolution et au salut en cas de catastrophe globale.

Sachant que chaque individu est concerné par une éventuelle catastrophe globale, nous sommes appelés à développer nos structures évolutive et salvatrice afin qu'elles englobent aussi nos systèmes latents. Comme il n'est pas toujours possible de détecter à temps leur présence, ils peuvent s'avérer nocifs pour nous. Une catastrophe peut venir non seulement de l'extérieur, mais être générée par quelque problème intérieur.

C'est pourquoi ce système de salut s'étend à l'ensemble des champs informationnels qui nous relient à l'Univers dans son entier. Nous sommes ses acteurs actifs. En pilotant toute sorte de processus, nous sommes libres. Libres, nous évoluons à l'infini. C'est le Créateur qui nous donne ce pouvoir.

2.1.1. Thèses et règle

THÈSES

- Devoir réagir immédiatement face à un événement funeste.
- Posséder un mécanisme de réaction immédiate.
- Accéder aux moyens de pilotage, même si ces derniers résident au fond de notre conscience.

Relativement à ces thèses est élaborée la règle qui veut qu'on applique le principe d'objectivation. Mais quand nous recevons une information négative, notre pensée doit l'écarter autant que possible, au lieu de faire une fixation dessus.

Ainsi, l'objectivation comprend le traitement de l'information, mais uniquement lorsque celle-ci est négative. Avoir accès au pilotage signifie alors comprendre, d'abord globalement, son processus pour faire ensuite le bon choix en conformité avec l'évolution créatrice de l'Univers.

Par conséquent, le premier niveau du système du salut est caractérisé par l'aspect créateur universel de nos actions. C'est un pilotage de référence établi sur l'idée que le salut de tous et en tout temps est possible. Autrement dit, nous avons accès au passé et au futur. Notre esprit sait qu'il est possible de restaurer tous les éléments de la réalité et de les rendre indestructibles.

Ainsi, avons-nous pour règle de toujours commettre des actes créateurs, même en cas de catastrophe globale.

2.1.2. Actualité des technologies de salut

Nous vivons dans un monde où prolifèrent de nouveaux moyens de destruction massive, générés par l'activité intellectuelle de l'homme. Une menace globale peut également surgir de l'espace cosmique. Alors, en utilisant notre conscience, nous pouvons agir immédiatement sur tout système nocif, pour le neutraliser et rester en vie.

Ce pilotage demeure actuel, car notre conscience est toujours à notre disposition pour nous aider à nous sauver, en cas de catastrophe globale, et même à faire en sorte qu'elle n'arrive pas.

Les technologies relatives à la conscience associées aux moyens matériels permettent de transformer la réalité physique à partir du niveau spirituel.

Lorsque nous cherchons constamment à éviter une destruction massive en agissant avec confiance et joie intérieure, nous parvenons à communiquer l'information du salut aux secouristes. À leur tour, ils interviennent avec hardiesse en cas de besoin.

Agir procure toujours de la joie. L'action conduit à la connaissance de soi. Ce chemin est infini, et nous pouvons toujours l'enseigner aux autres. À mon sens, c'est dans cet esprit que nous devons concevoir les technologies de salut pour qu'elles soient toujours transmissibles.

À ce propos, je voudrais souligner l'importance de notre propre évolution. Puisque nous sommes tous interconnectés et impliqués, à chaque instant, dans les processus qui se déroulent sur la planète, nous devons contribuer à sa sauvegarde et à celle de l'Univers. L'objectif de cet enseignement est de démontrer le fonctionnement des champs informationnels individuel et collectif, ainsi que leurs propriétés encore méconnues, pour faire évoluer notre conscience. Ainsi, nous resterons toujours en vie et pourrons sauver les autres en cas de danger.

2.1.3. Méthodes et moyens pour atteindre le salut

Le premier principe à respecter à chaque étape du salut, c'est de toujours agir de façon créatrice. Notamment face à l'agressivité extérieure, nous devons savoir agir pour régler la situation par notre pensée. Si nous y parvenons, cela signifie que nous possédons l'éternel mécanisme d'évolution harmonieuse et créatrice.

À cette étape de l'évolution, les mêmes moyens qui nous conduisent au salut nous permettent de créer. Dans le futur, nous devons toujours nous servir de moyens qui ne causent pas de destruction. Citons un exemple simple. Nous sommes obligés d'écorcher la chair pour en retirer une épine. Dans l'avenir, il sera possible de reconstituer la plante d'où vient l'épine et faire en sorte qu'elle n'entre pas sous notre peau. Nous agirons alors de façon prophylactique.

Ainsi, l'objectif principal de ma technologie est de prévenir toute catastrophe.

2.1.4. Rester en vie, quelle que soit la tournure des événements

Apprendre à rester en vie, quelle que soit la tournure des événements, est l'élément clé de mon enseignement. Nous devons nous fixer cet objectif et l'atteindre réellement.

À force de travailler, en adoptant une approche appropriée, on arrive à ramener à la norme toute situation difficile. Ma propre expérience l'a démontré puisque j'ai pu régénérer des personnes dont l'état de santé était vraiment délabré.

Nous avons toujours un moyen pour atteindre la norme recherchée. C'est ainsi que les choses de ce monde sont faites. Les technologies que je propose permettent d'apprendre à sauver la vie en toutes circonstances.

2.2. LE SYSTÈME DE L'ÉVOLUTION CRÉATRICE ET HARMONIEUSE

Mon système d'évolution créatrice et harmonieuse prévoit le développement de chaque individu grâce aux technologies cognitives. Celles-ci s'appuient sur le principe d'après lequel le Créateur a pourvu tous les éléments de la vie des connaissances nécessaires à leur évolution perpétuelle.

Au cours de cette évolution, toute information que nous obtiendrons de chaque élément de la réalité nous donnera une connaissance plus profonde de l'ensemble. En acquérant régulièrement de nouvelles connaissances et une vraie expérience au cours de notre interaction avec la réalité, nous développons notre système cognitif. Pour nous, être créateur, c'est pouvoir sauver aussi bien un seul individu que la collectivité tout entière.

Alors, l'évolution créatrice nous pousse à recevoir du Créateur des connaissances efficaces, applicables en tout temps et en tout lieu. Cela nous conduit au niveau appelé « vie éternelle ». Nous pouvons communiquer aux autres les technologies concernées et évoluer perpétuellement grâce à notre conscience.

2.2.1. Règle et thèses

À ce niveau de l'évolution créatrice, nous avons pour règle de créer à partir de tout élément de la vie. Pour éviter un danger ou une catastrophe, il faut reporter l'information du futur au moment présent. Alors, on arrive à trouver la bonne solution, sachant que toute action doit être créatrice.

Du moment qu'on perçoit l'évolution de la situation difficile dans laquelle on se trouve, on arrive à prendre la bonne décision. De ce fait, connaître le futur au moment présent est une règle à observer.

À ce niveau de l'évolution créatrice et harmonieuse correspondent quatre thèses.

THÈSES

- Il est indispensable de créer en tout temps et tout lieu.
- Notre évolution est déterminée par notre esprit créateur.
- Notre esprit, comme notre âme, évolue selon les canons que Dieu a légués à sa Création. Autrement dit, nous sommes appelés à créer comme Il le fait Lui-même.

- Nous sommes assurés d'avoir des technologies concrètes pour atteindre cet objectif.

2.2.2. Actualité du système de l'évolution créatrice

L'évolution harmonieuse et créatrice reste toujours actuelle, car nous devons prévoir notre avenir avant tout. L'évolution perpétuelle est un des éléments de cet avenir, selon le dessein du Créateur. Étant éternel Lui-même, Il ne peut que nous appeler à évoluer à l'infini.

Vu ce postulat, nous devons prendre position à chaque moment concret de la vie. En cas de catastrophe, il est important de savoir réagir, tout en percevant l'harmonie dans tout acte, d'avoir la joie de vivre et d'avoir confiance en l'avenir. Nous sommes aussi appelés à faire un travail régulier sur nous-mêmes.

Ainsi, réagir immédiatement et garder notre équilibre face à une structure menaçante, qui ne pourrait surgir que dans le futur, témoigne de notre niveau d'évolution. Notre idéologie, les paramètres de notre évolution, nos rapports harmonieux avec le monde, tout cela nous permet d'atteindre le niveau où le salut universel devient une réalité.

C'est pourquoi la création est un instrument d'évolution qui demeure toujours actuel. En nous en servant, nous faisons évoluer tous les éléments de la vie.

2.2.3. Évolution éternelle et harmonieuse

Le but de l'évolution est de conduire chaque être vers quelque chose de meilleur, vers une plus grande harmonie. Il doit emprunter une voie créatrice, sans nuire aux autres. Puisque l'Éternel crée la réalité éternelle, Sa création doit inexorablement tendre vers l'Éternité. Et notre devoir est d'appliquer ces postulats à notre vie.

Autrement dit, nous observons nos événements réels et, sachant que chacun de nos actes est éternel, nous rendons éternels notre propre création et notre entourage. C'est-à-dire que nous abordons automatiquement le système du salut en cas de catastrophe globale. Mais, à chaque instant de notre vie, nous apportons aussi l'harmonie et l'Éternité dans le monde à travers notre activité créatrice.

L'Éternité est le principe évolutif sur lequel reposent les règles et les thèses de cet enseignement. C'est ce principe qui détermine notre élan vital, notre évolution au sein de l'Univers.

3

LES COMPOSANTES
DE L'ENSEIGNEMENT
DE GRIGORI GRABOVOÏ

Les différentes possibilités de pilotage présentes dans mon enseignement résultent a priori des actes du Créateur. Par conséquent, toutes les composantes de l'enseignement visent principalement à développer notre capacité à nous sauver et à sauver les autres, à évoluer de façon harmonieuse, comme le fait Dieu.

Ici, nous avons recours au principe du pilotage unifié en vue d'agir sur la réalité de façon créatrice. Cela veut dire qu'il suffit d'assimiler une seule composante de mon enseignement pour pouvoir appliquer ses méthodes à toute situation à laquelle nous serons confrontés. C'est qu'en réalité, tous les processus de l'Univers ont été générés par une seule et même impulsion du Créateur.

Aussi, faut-il chercher dans chaque composante de mon enseignement la façon universelle de faire évoluer notre esprit. En fait, mon enseignement est un moyen qui permet à l'esprit d'évoluer éternellement, à l'âme d'atteindre le niveau où tout le monde est sain et sauf. Alors, considérez-le comme tel.

3.1. LA PRÉSERVATION DE LA SANTÉ

Pour moi, la préservation de la santé est un système clé de l'évolution de l'humanité et de tous les éléments de la réalité. Elle concerne absolument tout ce qui existe.

Pour moi, la santé d'un individu est liée aux éléments des réalités intérieure et extérieure. La première comprend les sentiments, les sensations, l'intelligence, la conscience de soi. La seconde, c'est tout ce que l'être humain perçoit comme quelque chose de matériel ou d'informationnel, extérieur par rapport à nous.

Même si une constante informationnelle, qu'elle soit de nature psychique ou spirituelle, est perçue par l'individu comme étrangère, je la classe parmi les éléments de la réalité extérieure.

Par conséquent, la bonne santé est la base sur laquelle s'appuie le système de pilotage intégral. Il est évident que la préservation de la santé est liée, directement ou non, aux autres composantes de mon enseignement comme les technologies créatrices, la futurologie ou le pilotage des événements passés. Cependant, nous pouvons considérer la préservation de la santé comme un domaine à part qui vise à régler les problèmes relatifs au salut.

3.1.1. La préservation de la santé grâce au système du salut en cas de catastrophe globale

3.1.1.1. Règles et thèses

Pour conserver la santé en cas de catastrophe globale, il faut qu'il y ait une réaction de l'organisme humain et du champ informationnel environnant. De plus, notre système de pilotage doit être très développé pour que nous puissions agir directement sur notre organisme et sur les structures de notre conscience. Ces dernières permettront de percevoir les résultats de notre action.

Selon les lois du Créateur, le pilotage effectué à partir de notre âme, ou de notre conscience, a toujours pour effet notre régénération complète et l'harmonie extérieure.

RÈGLES

- Nous disposons d'un système de salut réactif.
- Nous obtenons le principe évolutif qui génère une composante intégrale de l'équilibre de tous les éléments de la réalité.
- Nous devons savoir recomposer notre corps et celui de quelqu'un d'autre, ou tout autre objet informé.

THÈSES

- Notre système évolutif intérieur doit être très développé.
- Nous devons communiquer nos acquis aux autres.
- Il nous revient de contribuer au développement de la santé sur les plans physique et informationnel afin d'éviter les catastrophes.

3.1.1.2. Méthodes et technologies

La conscience de l'être humain, l'évolution de son âme et le pilotage spirituel déterminent les méthodes et les technologies qu'il utilise pour préserver la santé, rester en vie et éviter les catastrophes globales. Ces méthodes et technologies sont réparties entre les domaines que nous pouvons considérer comme des modèles d'évolution spatio-temporelle du futur.

Une vie peut être sauvée grâce aux technologies appropriées qui provoquent la croissance instantanée d'une cellule ou la réaction immédiate de l'organisme entier. Il est également possible d'assurer la vitalité de l'homme pendant son sommeil, quand le corps est immobile et l'activité mentale au ralenti. On maintient ainsi l'équilibre de l'Univers.

Pour préserver la santé, on prévoit aussi des moyens spéciaux, comme des satellites d'observation optique placés dans le champ informationnel. J'ai conçu un appareil qui permet de délivrer, en temps réel, l'information sur l'état de santé actuel de la personne. En prenant en considération la norme divine et le cours habituel de la vie de l'homme, cet appareil sert aussi à améliorer sa santé.

Mais on peut utiliser à cette fin des technologies basées sur la conscience. L'une des plus simples consiste à savoir se concentrer ou relâcher notre attention. Cela permet d'être toujours en bonne santé.

Comme exemples concrets, je peux citer des techniques de concentration sur les nombres, sur les éléments de notre for intérieur ou de la réalité extérieure. La compréhension de leur fonctionnement permet de rendre plus réactif notre système de santé pour que nous restions en vie en cas de catastrophe globale.

Ainsi, les méthodes et les technologies que je présente ici reposent sur la capacité de notre conscience à agir même sur les facteurs « technogènes ». Les technologies basées sur la conscience sont toujours créatrices, et nous pouvons les diffuser sans limites.

J'exposerai ici des technologies de la conscience que nous pouvons utiliser pour éviter les catastrophes globales.

La première technologie : voyez la réalité comme un puzzle que vous pouvez assembler en un instant. Comme un vent léger, votre conscience se projette à l'extérieur et réunit tous les morceaux.

La deuxième consiste à considérer notre réalité comme une multitude d'éléments éparpillés dans notre champ de conscience. Alors, en les rassemblant au point de notre pensée initiale, nous préserverons notre santé, en cas de catastrophe globale, et nous arriverons même à l'éviter.

Dans la troisième, nous considérons la réalité comme la résultante de tous les processus « déviés ». En opérant mentalement une « ramification » ou une transformation de ces éléments déviés, nous obtenons la réalité telle qu'elle a été conçue par le Créateur. Nous évitons ainsi la catastrophe.

La quatrième : nous voyons la réalité comme un système qui entoure le champ informationnel de la catastrophe. Aspirés par le centre commun, ils fusionnent très rapidement et forment une seule et même matérialité en un parfait équilibre. De surcroît, la catastrophe n'est plus possible : la transformation de la situation, opérée au point central, s'est vite stabilisée à l'extérieur. Donc, le danger est désamorcé à son épicentre.

La cinquième : nous imaginons notre état de santé en tant que résultat de la projection de toutes nos cellules sur les éléments de la réalité, comme si un élément optique placé derrière notre dos faisait passer la lumière à travers nos cellules en projetant leur image sur la réalité extérieure.

Ainsi, cette technologie de la conscience nous permet de créer, à partir des cellules projetées à l'extérieur, un autre nous-mêmes. En fait, chaque cellule génère une forme humaine. En multipliant notre image à l'infini, nous rendons la vie stable et exempte de catastrophes.

La sixième méthode permet de transformer la réalité grâce à notre pensée positive : dans tous les processus, nous ne voyons que le côté créateur et bénéfique pour tout le monde.

La septième méthode pour éviter une catastrophe globale consiste à comprendre les liens fondamentaux qui unissent tous les organes de notre corps et leur interaction. Pour éviter tout processus désastreux, il faut se concentrer d'abord sur son estomac, ensuite sur son cerveau. On peut aussi voir les systèmes projectifs des deux organes à la fois. Pour écarter toute éventualité de catastrophe, il est possible de se concentrer sur son auriculaire droit.

La connaissance des fondements et de la répartition de l'information nous donne un instrument de pilotage.

La concentration sur les nombres que je propose participe également du salut universel, puisqu'ils concernent l'information macroscopique. Les espaces entre les chiffres servent à stabiliser les résultats du pilotage qui dépend de notre évolution.

3.1.2. La préservation de la santé grâce au système de l'évolution créatrice et harmonieuse

Ici, je propose un système d'idées définies, que chacun peut adopter à titre personnel. Ce système permet de comprendre la nature de l'organisme, de l'âme et l'objectif de l'évolution intérieure de l'être humain.

Chaque instant de notre existence est une expression de la vie éternelle ; nous devons tout simplement le faire durer pour toujours. Alors, notre évolution devient permanente et harmonieuse à tous les niveaux. Chacun de nos actes contribue au salut universel ou à l'évolution créatrice, une fois que le salut est atteint.

Bien que tous ces processus se chevauchent, le système du salut, en cas de catastrophe, est plutôt réactif et dépend de notre volonté, alors que le système de l'évolution créatrice harmonise et stabilise les liens existants entre les éléments de la réalité.

3.1.2.1. Règles et thèses

La préservation de la santé est surtout voulue par le Créateur. Chaque facteur de santé doit contribuer à notre évolution perpétuelle.

RÈGLES

- L'évolution éternelle concerne tous les espaces et tous les temps.
- Notre libre arbitre ne connaît pas de limite.
- Nous devons être capables de recréer notre corps et celui des autres.
- Nous devons faire en sorte que chaque élément évolutif soit réel et procure de la joie à tout le monde, à nous-mêmes avant tout.

THÈSES

- Notre système de santé doit assurer continuellement et réellement l'évolution perpétuelle.
- Nous devons pouvoir piloter le système de santé.

- Notre niveau de compréhension de la réalité doit nous permettre de prendre des décisions justes et précises.
- Nous percevons et avons ce que nous considérons comme un élément de l'évolution universelle.
- Nous devons avoir un système de connaissances intégral concernant tous les processus de la réalité, pour pouvoir prendre des décisions particulières.
- Nous transmettons, de manière accessible, les connaissances sous forme de technologies qui conviennent à tout le monde.
- Nous devons être évolués sur tous les plans et viser la vie éternelle.

3.1.2.2. Méthodes et technologies

Ces méthodes et technologies sont pour beaucoup identiques à celles dont on se sert en cas de catastrophes globales, la seule différence est l'accent qu'on mettra sur l'évolution créatrice et harmonieuse.

Dans les deux cas, nous devons respecter le principe qui consiste à agir dans l'intérêt de tout le monde, comme le fait le Créateur. Ainsi, notre structure de pilotage comprend tous les liens, aussi bien à l'échelle universelle qu'à l'intérieur de nous-mêmes. Ils fonctionnent tous pour assurer le salut et l'évolution harmonieuse.

Ici, le système de l'évolution créatrice et harmonieuse est plus lié à celui du salut en cas de catastrophe globale, puisque l'harmonie n'est possible que si notre avenir commun est sauvé. En l'occurrence, tout principe de pilotage qui vise l'évolution et la création à l'échelle macroscopique peut nous servir de méthode.

Premièrement, il s'agit des méthodes que nous devons utiliser rapidement pour que le niveau de santé, qui sous-entend le niveau de contrôle des événements, permette une évolution créatrice et harmonieuse.

Deuxièmement, nous pouvons voir tous les éléments de la réalité à l'intérieur de nous-mêmes et notre harmonie comme quelque chose d'extérieur.

Troisièmement, nous pouvons considérer que tous les objets environnants servent à piloter notre propre réalité. Alors, les éléments de notre réalité intérieure, à leur tour, agiront sur les éléments extérieurs, se plaçant au-dessus de leurs zones de pilotage.

Enfin, il est possible de voir l'harmonie comme une sphère de lumière éternelle qui nous éclaire.

Alors, l'assimilation de cette lumière par notre champ informationnel, par notre âme, signifie que nous avons acquis des éléments du salut et du pilotage de la réalité. Notre esprit et notre âme rayonnent sur le monde en le renouvelant en permanence.

Des moyens pareils, nous pouvons en trouver une multitude. Ici, je ne cite que des méthodes rapides. Nous pouvons les développer et utiliser d'autres technologies de pilotage parmi celles que je propose.

3.2. LE PILOTAGE PRÉVISIONNEL

Dans ce chapitre, j'expliquerai comment effectuer un pronostic en se basant sur les éléments de notre conscience. En même temps, les caractéristiques prévisionnelles dépendent de l'objectif du pilotage.

Si le pilotage est dirigé vers l'extérieur, ses caractéristiques se présentent à travers la structure de notre conscience et sa projection sur la réalité extérieure. Si le pilotage est effectué à partir de structures extérieures, notre structure de pilotage doit nous fournir les caractéristiques prévisionnelles de ces structures.

Ainsi, le pilotage prévisionnel sous-entend avant tout la détection de la composante prévisionnelle dans un élément de l'événement en y adaptant notre conscience. Par la suite, nous pouvons utiliser cette composante pour résoudre quelques problèmes concrets.

3.2.1. Le pilotage prévisionnel lié au système du salut en cas de catastrophe globale

3.2.1.1. Règles et thèses

RÈGLES

- Ce pilotage est effectué par notre être entier, à travers notre champ informationnel dans sa globalité.
- Dans notre conscience, nous construisons l'objet du pilotage. De plus, la partie prévisionnelle contient son image projetée sur la cible du pilotage.
- Pour éviter une catastrophe globale, nous ne devons pas faire une fixation sur des facteurs qui peuvent la provoquer. Ainsi, nous n'aurons aucun élément d'objectivation du désastre.
- Chaque fois que nous faisons un pilotage prévisionnel ; nous le faisons dans le but de créer des biens universels.

THÈSES

- Nous traitons toujours une quantité d'informations infinie afin d'exécuter un pilotage précis.

- Un pilotage qui vise l'harmonisation de la situation à l'échelle universelle nous permet toujours d'atteindre nos objectifs personnels.
- En appliquant les principes de l'Éternité à notre pilotage, nous parvenons à reconstituer notre corps.
- Au cours du pilotage, nous pouvons obtenir une quantité d'informations maximale à partir d'un minimum de données.

3.2.1.2. Méthodes et technologies

Dans ce cas, je propose des méthodes et des technologies qui permettent d'élaborer une caractéristique prévisionnelle en se basant sur les données réelles ou sur celles des événements futurs qu'on programme.

La première méthode consiste à considérer le futur comme un milieu homogène, un mur très haut, par exemple. Ce mur est parsemé d'une myriade de points lumineux qui correspondent aux champs informationnels relatifs aux différents événements de l'Univers. Ensuite, nous convertissons ce mur en une sphère de lumière que nous plaçons dans notre corps. Cela permet d'obtenir l'information sur l'ensemble des événements et sur celui qui nous préoccupe particulièrement. Ainsi, nous arrivons à désamorcer la catastrophe.

La deuxième méthode consiste à visualiser le passé sous forme de pivots creux qui rentrent de toutes parts dans la Terre. La planète ressemble ainsi à un hérisson. Nous nous propulsons, à une vitesse fulgurante, à l'intérieur d'un pivot. Et là, nous voyons à la fois tous les événements passés et futurs de la Terre. Autrement dit, nous avons accès au futur en passant par le passé. Ainsi, la catastrophe est-elle instantanément désamorcée puisqu'elle n'a pas eu lieu dans le passé.

Examinons maintenant la troisième méthode de pilotage en cas de catastrophe globale. Disons-nous bien que le futur est complètement transparent pour nous, que nous y évoluons toujours de façon positive, que nous sommes ce que nous voulons être. Tout en gardant à l'esprit l'événement néfaste, nous nous focalisons sur un point du futur. À partir de ce lieu, nous commençons à déployer l'Univers. C'est un mécanisme réel de salut et de pilotage à l'échelle universelle.

3.2.1.3. Technologies et thèses

En l'occurrence, les thèses stipulent que nous avons accès à des technologies pilotes qui nous permettent d'acquérir de la flexibilité. Ces technologies résultent des compositions générales structurées par notre conscience afin d'obtenir le principe du salut universel, qui repose sur certains de nos propres systèmes de pilotage.

La combinaison des technologies, des thèses et des méthodes appropriées nous permet d'obtenir un pronostic réel pour réaliser le pilotage.

3.2.2. Pilotage prévisionnel lié aux systèmes du salut et de l'évolution harmonieuse

Nous déterminons nous-mêmes les paramètres du pilotage prévisionnel en vue d'assurer le salut universel et l'évolution harmonieuse et perpétuelle.

3.2.2.1. Règles et thèses

RÈGLES

- L'évolution est le principe de la reproduction perpétuelle de la matière, y compris celle qui sert à établir les pronostics.
- La réalité est vue comme le système de l'évolution créatrice de l'Univers. Il nous donne accès au pilotage de l'ensemble de la réalité.
- L'harmonie se développe à partir du point où nous avons fait le pronostic. Basé sur la structuration de notre conscience, ce principe permet d'élaborer un concept d'évolution générale, que nous pouvons appliquer par la suite à des cas particuliers.

THÈSES

• La structure de notre conscience correspond au niveau à partir duquel nous établissons nos pronostics.

• La structure de notre conscience détermine notre niveau d'évolution. Nous avons accès à la totalité de l'information parce que nous existons.

• La totalité de l'information est en nous puisqu'elle appartient à tout le monde.

3.2.2.2. Méthodes et technologies

Dans les systèmes du salut et de l'évolution créatrice et harmonieuse, la méthode qui permet d'obtenir une quelconque information pour effectuer le pilotage prévisionnel consiste à voir l'harmonie comme une surface plane qui s'étend à l'infini dans notre conscience. Sur cette surface, nous choisissons un point infiniment éloigné, à partir duquel nous formons une sphère contenant une synthèse des éléments de la réalité. Tous ces éléments sont en parfaite harmonie. Ensuite, nous pouvons projeter cette information sur les zones intérieures de la sphère de notre conscience.

Toutes ces projections nous serviront de technologies réelles pour le pilotage prévisionnel. En l'occurrence, le pronostic nous fournit des outils universels.

3.3. LA FORMATION

L'objectif principal de la formation est d'apprendre à structurer sa conscience pour assurer le salut collectif et l'évolution harmonieuse de chacun. Cette approche réunit deux façons de transmettre les connaissances : directe, de personne à personne, et par voie spirituelle.

De ce fait, la formation s'appuie à la fois sur des connaissances acquises au cours des études et sur celles que nous recevons instantanément. Ce principe est notamment appliqué lorsqu'il s'agit de communiquer l'information sur le salut et l'évolution harmonieuse aux objets de la réalité autres que l'être humain.

3.3.1. La formation liée au système du salut en cas de catastrophe globale

Ce type de formation est axé sur la transmission des connaissances durables, des technologies qu'on pourra continuer à développer dans le futur sans provoquer aucune catastrophe.

Alors, la formation s'organise selon le principe holographique. Une parole, ou une phrase, énoncée aujourd'hui recèle l'information relative à tous les éléments du futur. Chaque niveau contient en germe toutes les connaissances du niveau suivant.

3.3.1.1. Règles et thèses

RÈGLES

- Tout le monde a droit à la formation qui doit être accessible.
- Il est impératif de communiquer les informations véridiques sur la réalité pour être sauvé en cas de catastrophe globale.
- La formation est assurée aussi bien par les formateurs que par les apprenants qui ont déjà assimilé une partie des connaissances.
- Les formateurs sont tenus de s'instruire constamment.

THÈSES

- Pour opérer le salut immédiat, ou mieux, prévenir à temps toute situation désastreuse, il faut posséder les connaissances nécessaires. On les acquiert en étudiant ou on les reçoit instantanément.
- Le volume de connaissances doit correspondre à la taille de la tâche à accomplir.
- La transmission des connaissances repose sur le même principe que l'action de Dieu. Elles sont communiquées de manière simple et rapide.

Celui qui est en harmonie avec l'Univers, celui qui y aspire et même quelqu'un qui n'y est pas encore sensible, tout le monde peut être formé.

- La formation est organisée pour permettre de percevoir les outils indispensables afin d'être sauvé en cas de catastrophe planétaire.

3.3.1.2. Méthodes et technologies

– Première partie

Dans cette partie, j'exposerai des méthodes et des technologies généralisées. Notre compréhension des choses dépend de notre désir de les comprendre. Il existe des processus qui semblent impénétrables. Ils demandent une étude plus approfondie.

Pourtant, en cas de catastrophe globale, nous devons traiter rapidement le volume d'informations indispensable pour sauver des vies. L'idéal est d'empêcher cette information de devenir réalité.

Par conséquent, à chaque étape de la formation, vous arrivez à assimiler des connaissances générales ou particulières qui permettent de faire évoluer la situation sans avoir recours aux techniques de sauvetage. Vous devez faire en sorte que tout se déroule de façon naturelle et sans danger.

J'expliquerai également comment on peut organiser la formation si vous avez déjà votre propre base de connaissances. Dans ce cas, mes technologies vous permettent de prendre les éléments de la réalité comme outils d'évolution. Alors, vous pouvez structurer votre conscience de sorte à obtenir l'information des différents systèmes à l'intérieur et à l'extérieur de vous.

Au cas où votre apprentissage s'appuie essentiellement sur mon système de formation, vous devez chercher à comprendre la vraie nature des éléments de la réalité. Par exemple, au niveau initial, vous apprenez à trouver la valeur des nombres et des lettres, même si cela a été fait avant vous.

En l'occurrence, vous agissez comme un créateur de connaissances, vous les obtenez facilement et au bon moment. Votre facilité d'apprendre dépend notamment de vos facultés spirituelles.

On peut dire que ce niveau de formation est essentiel, car une approche spirituelle est souvent indispensable pour détecter et régler correctement certains problèmes techniques liés à la sécurité.

– Deuxième partie

Dans cette partie, je présenterai les principes vectoriels des méthodes et des thèses. Le système de formation doit inclure un niveau où on apprend à transmettre les connaissances acquises. Vous recevez alors des informations sur la réalité que vous êtes en train de transformer. En découvrant les principes de ses éléments, vous pouvez aussitôt transmettre ces connaissances aux autres.

Votre apprentissage dépend de vos capacités cognitives et du niveau d'évolution que vous avez pu atteindre en traitant l'information du monde entier. Ainsi, la formation, c'est la technologie cognitive ajoutée aux techniques qui vous aident à évoluer.

Je présente ici des méthodes grâce auxquelles notre conscience arrive à déceler immédiatement la structure menaçante que nous devons désamorcer pour sauver tout le monde en cas de catastrophe.

Par la pensée, choisissez une forme, une sphère, par exemple. Introduisez dans cette sphère l'idée du salut universel. Ensuite, placez cette forme quelque part dans l'espace, devant votre corps physique, par exemple.

Mettez au centre de la forme-pensée le principe de transmission immédiate des connaissances à une personne, ou à un autre objet informé. La distance qui vous sépare et leurs capacités n'ont pas d'importance. Faites tourner cette sphère avec une vitesse maximale et projetez-la verticalement vers le haut, parallèlement à votre corps.

Vous obtenez ainsi un « niveau optique » qui, comme la lumière de notre Créateur, permet de former tout le monde au sauvetage en cas de catastrophe globale.

La méthode suivante consiste à considérer l'ensemble de l'univers extérieur comme un acte du Créateur en perpétuelle évolution. Alors, cette technologie devient accessible, on parvient rapidement à assimiler ses mécanismes et à les transmettre aux autres, même par l'intermédiaire de votre corps physique.

Il est aussi possible de voir la réalité comme une multitude d'éléments dont le fonctionnement contribue à l'Éternité. Et vous en faites partie. Si vous avez cette structure dans votre conscience, vous êtes capable de recevoir l'information de toute source et de la transmettre très rapidement à qui vous voulez.

Enfin, la troisième méthode. Observez un objet, un livre, par exemple. Par la pensée, formez une sphère scintillante que vous placez au-dessus du livre. Introduisez le contenu de la page qui vous intéresse. Ensuite, mettez la sphère contre votre corps afin que son information imprègne votre organisme. Et pour finir, introduisez-la dans la partie appropriée de votre mémoire.

On met en lumière un élément de la réalité et on le transfère de façon mécanique à l'endroit voulu, peu importe la distance. Ce principe de communication de l'information est inclus dans mon système de formation.

3.3.2. La formation liée au système de l'évolution créatrice et harmonieuse

D'abord, la formation liée au système de l'évolution créatrice et harmonieuse doit nous permettre de conserver les connaissances acquises qui peuvent être utiles et mises à jour à l'infini. Ensuite, ces connaissances doivent être universelles et accessibles à tout le monde, car toute personne peut obtenir les connaissances dont elle a besoin au cours de son évolution éternelle.

3.3.2.1. Règles et thèses

RÈGLES

• Déterminer les facteurs individuels de l'apprenant, c'est la première règle à respecter dans la formation relative au système de l'évolution créatrice et harmonieuse.

- La deuxième se rapporte à la compréhension spirituelle et logique de l'enseignement.
- La troisième veut que la formation soit instantanée et continue.
- La quatrième consiste à comprendre les lois de l'Univers pour pouvoir évoluer éternellement et être créateurs.

THÈSES

- La formation repose sur une base de connaissances variées.
- Vos propres connaissances restent toujours utiles.
- La structure de votre conscience détermine votre niveau d'évolution, tout en poursuivant sa propre évolution.
- Cette formation est à la portée de tous. Par conséquent, vous pouvez transmettre vos connaissances aux autres.

3.3.2.2. Méthodes et technologies

Dans ce système de formation, l'harmonie et la création vont de pair. Dans un état d'harmonie, on apprend plus facilement.

Il existe quelques méthodes de transmission des connaissances. La première consiste à considérer l'Univers comme un système d'éléments formateurs. Alors, on observe un de ses éléments et on cherche à saisir et à assimiler les connaissances qu'il contient.

La deuxième consiste à adopter le regard de l'ensemble des êtres et des objets pour observer l'Univers. Il suffit d'y penser, et on obtient des connaissances personnelles au moment voulu.

La troisième méthode est la suivante. Imaginez que l'information d'un objet, comme un verre d'eau, est égale à celle que contient l'espace dans lequel il se trouve. Alors, considérez uniquement sa forme et introduisez-y votre propre information. De la même façon, en prenant une forme humaine, vous pouvez communiquer vos connaissances aux autres.

Voici enfin la quatrième méthode. Sachant que tout ce que nous voyons avec nos yeux, tout ce que nous entendons avec nos oreilles fait partie de l'Univers, nous considérons que chaque vibration sonore, chaque image reflètent la réalité macroscopique. Par conséquent, chaque être humain nous apparaît comme un système holistique. Et au fond de nous-mêmes, nous ressentons un contact étroit avec l'Univers entier. Nous apprenons ainsi de façon systémique.

3.4. LA SCIENCE

3.4.1. La science de Grigori Grabovoï liée au système du salut en cas de catastrophe globale

Selon ma science, tout est pilotable. L'état de la réalité dépend de la conscience universelle qui comprend notre conscience collective et celle du Créateur.

Notre manière de percevoir le monde et d'y réagir, notre capacité de concentration, nos méthodes de pilotage influent sur la réalité et la transforment. Les effets de nos actions sont liés à notre pensée, à notre esprit ou à notre âme.

Par conséquent, ma science est bâtie uniquement sur nos perceptions et sur l'idée que tout est pilotable. La réalité extérieure est un reflet de notre conscience. Toute action physique ou spirituelle est une manifestation d'un état de conscience supérieur, d'une réalité plus élevée.

3.4.1.1. Règles et thèses

RÈGLES

- Tout élément de la réalité peut devenir créateur.
- Tout élément de la réalité peut en générer d'autres et se reproduire.
- Tout doit évoluer selon le dessein du Créateur.
- Nous devons avoir à notre disposition tous les éléments nécessaires pour continuer à évoluer et reproduire à l'infini l'information.
- Nous devons être capables de percevoir instantanément ou progressivement l'ensemble de la réalité. Dans les deux cas, il faut viser le salut personnel et universel.

THÈSES

- Le pilotage de la réalité se fait en fonction de l'objectif concret à atteindre en temps voulu.
- Nous devons avoir un potentiel suffisant pour pouvoir traiter l'information de l'Univers entier et assurer notre salut et celui de tous.
- Nos moyens et nos capacités de sauvetage dépendent de notre attitude envers la réalité collective.
- Nous sommes en mesure de percevoir et d'assimiler autant de connaissances qu'il faut pour contribuer au salut universel.

3.4.1.2. Règles et technologies

Pour moi, notre propre conscience est le seul moyen de découvrir et de comprendre l'Univers. Certes, nous pouvons nous servir d'appareils. Alors, il faut comprendre leur fonctionnement et toujours perfectionner la structure de notre conscience pour pouvoir déchiffrer les données qu'ils fournissent et pour les faire évoluer de manière inoffensive.

De ce fait, les règles et les technologies utilisées dans ma science reposent sur notre conscience. Lorsque celle-ci est orientée vers l'évolution créatrice, nous parvenons à tout piloter. Nous devenons indestructibles. Et nous ne pouvons qu'aider les autres à améliorer leur vie.

3.4.2. La science de Grigori Grabovoï liée au système du salut et de l'évolution harmonieuse

3.4.2.1. Règles et thèses

RÈGLES

- Dans les systèmes du salut et de l'évolution harmonieuse, toutes les connaissances sont inaltérables.

- Orientés vers l'Éternité, nous avons accès au système de la connaissance absolue. À chaque instant de notre évolution, nous acquérons des savoirs à la fois particuliers et généraux.
- Notre évolution devient éternelle du moment où nous percevons l'infini à l'intérieur de nous-mêmes.
- En travaillant pour le salut et le bien de l'humanité, en contribuant à l'évolution perpétuelle et créatrice, chacun évolue personnellement.

THÈSES

- Pour accéder à la connaissance absolue, il faut posséder un bagage suffisant, ou au moins une seule connaissance unifiée.
- Il faut chercher constamment à développer sa propre conscience pour pouvoir agir sur les événements, apprendre et participer aux recherches scientifiques.

3.4.2.2. Méthodes et technologies

Ma science démontre que pratiquement tous les éléments de la réalité sont à notre portée par l'intermédiaire de notre conscience. Il en découle que nous disposons, au

72

moment voulu, des moyens et des technologies nécessaires
à notre salut et à notre évolution créatrice et harmonieuse.

En voici un exemple. En embrassant l'ensemble de la
réalité par un seul regard intérieur, nous arrivons à unifier
notre corps et notre âme. Nous devenons ainsi des êtres
spirituels capables de piloter la réalité par notre pensée.

C'est une des composantes de ma science, qui permet
d'atteindre l'harmonie grâce à la connaissance de soi.

3.4.3. Les courants de la science traditionnelle adaptés par Grigori Grabovoï au système du salut en cas de catastrophe globale

Ici, j'expose l'idée de structuration de la conscience,
appliquée aux domaines de la science traditionnelle.
En m'appuyant sur les données obtenues par le passé,
j'explique la façon dont le sujet doit être traité aujourd'hui
et dans le futur.

3.4.3.1. Règles et thèses

RÈGLES

• Nous devons pouvoir reproduire les données
  de toute science en tout temps.

- Les connaissances doivent être à la portée de tout le monde.
- Chaque information doit offrir de réelles possibilités de salut.
- Pour atteindre le salut universel, on doit mettre aussitôt l'humanité au courant des avancées scientifiques.

THÈSES

- Notre science nous permet d'évoluer. Par conséquent, chacun doit contribuer par sa conscience au progrès scientifique.
- Nous disposons d'un système cognitif bien réel. Notre pensée et notre conscience peuvent influencer le développement de pratiquement tous les domaines scientifiques.

3.4.3.2. Méthodes et technologies

J'ai utilisé des procédés de structuration de la conscience dans certains domaines. Cela a permis d'obtenir les mêmes résultats qu'à la suite de longs travaux scientifiques.

Notre conscience doit être capable de reproduire les modèles existants réalisés grâce aux avancées technologiques industrielles, mais aussi de créer des choses nouvelles, notamment des appareils, dont on aura besoin dans le futur.

3.4.4. La vision de Grigori Grabovoï concernant les courants scientifiques traditionnels à travers le prisme de l'évolution créatrice et harmonieuse

3.4.4.1. Règles et thèses

RÈGLES

- La structuration de la conscience doit surtout contribuer à l'évolution infinie d'une science qui est au service de tout le monde.
- Les découvertes ne doivent pas être l'apanage d'une poignée de personnes, tout le monde a le droit de suivre les progrès de la science.
- L'évolution harmonieuse de la science n'est possible qu'avec la participation de tout le monde, ne serait-ce qu'au niveau de la conscience.
- La science est l'affaire personnelle d'un chercheur, mais elle concerne tout le monde, car elle permet d'établir l'harmonie universelle.

THÈSES

- Il est indispensable de posséder un bagage solide pour avoir accès aux connaissances absolues et pouvoir les appliquer à tous les domaines de la science.
- Il faut avoir le volume d'informations requis à la résolution complète des problèmes liés à l'évolution éternelle.
- En perfectionnant constamment les technologies cognitives en vue de les rendre bénéfiques pour l'humanité entière, nous parvenons à installer l'harmonie universelle.

Voici qui termine cette introduction au pilotage de la réalité. Quant aux autres parties de mon enseignement, la structuration de la conscience se fait de la même manière. Ce sujet sera développé ultérieurement.

QUI EST
GRIGORI PETROVICH
GRABOVOÏ

Grigori Grabovoï est d'origine russe. Il est né le
14 novembre 1963 dans le petit village de Bogara, dans
le district de Kirov, situé dans la région de Chimkent au
Kazakhstan, en Asie centrale. Il fait partie de ce groupe
d'êtres venus s'incarner sur Terre à des époques cruciales.
Grabovoï est un académicien de l'Académie internationale
de l'informatisation.

C'est un scientifique de génie, un clairvoyant, un
guérisseur et un Maître.

Grâce à sa théorie, il démontre et enseigne comment,
par la conscience de l'âme, on peut créer toute matière
parfaite, changer instantanément le cours de tout
événement négatif, guérir toutes les maladies, régénérer
tous les organes du corps humain, ressusciter les morts,
créer de nouvelles machines à énergie libre… Il a réalisé
tout cela. Et bien plus encore.

Enfant, il est très calme. Il ne lève jamais le ton, il est anormalement pacifique.

Aux dires de sa mère, il n'a jamais été malade et n'a reçu aucun vaccin. À l'école, il a prévenu ses camarades de classe de plusieurs accidents, guérissant et sauvant même certains d'entre eux de situations critiques.

Dès son plus jeune âge, Grigori Grabovoï étonne par ses idées originales et ses habiletés hors pair. Déjà à l'âge de trois ans, il est obsédé par la perspective de sauver le monde. Il voit dans le futur la menace d'une catastrophe majeure planer au-dessus du monde et alerte ses proches de la nécessité de faire quelque chose pour prévenir cette éventualité. Il agit en plaçant mentalement le globe terrestre dans son cœur et, sans relâche, il l'entoure d'amour, libérant toute tension existante.

Très jeune, il est déjà hautement clairvoyant. Il connaît sa mission et les raisons de sa présente incarnation. Il guérit les gens des maladies les plus graves. Il comprend le langage des plantes et des minéraux, converse avec les animaux et peut entendre des sons à de très grandes distances... Il poursuit ses études en mathématiques et en mécanique appliquées à l'Université de Tachkent, d'où il sera diplômé en 1986. Il obtient d'innombrables certifications et de hautes distinctions de plusieurs académies. Il devient par ailleurs docteur en biologie et en physique.

On a publiquement reconnu la capacité unique de clairvoyance, de prédiction et de guérison de Grigori

Grabovoï. Il voit tout et dans les moindres détails, rien ne lui échappe. Il a examiné à distance des centaines d'avions, ainsi que la station orbitale MIR et le vaisseau spatial Atlantis, alors en grave danger.

De plus, il a permis, par prémonition, de prévenir une catastrophe nucléaire majeure en 1999 à la centrale atomique bulgare de Kozloduy, qui aurait pu plonger une grande partie de la planète dans un hiver nucléaire. Il résout à distance tous ces problèmes scientifiques, en étant a priori conscient d'un résultat, ce qui lui vaut le titre de l'Homme Rayon X.

Il faut savoir qu'aucun avion officiel russe ne décolle sans être passé « entre ses mains ». Il parvient même à réparer une pièce défectueuse en plein vol, par matérialisation et remplacement de celle-ci à distance. Mais les habiletés de Grabovoï dépassent et de loin celles de la stricte clairvoyance. Il possède des capacités personnelles de téléportation de matière physique à n'importe quelle distance, ce qui pourrait expliquer le comment de la construction de certains temples anciens, par exemple, les pyramides d'Égypte.

Dans des conditions expérimentales, il a fait des travaux sur la matérialisation, la dématérialisation, la téléportation, la résurrection des morts, la régénération de la matière détruite pour ne nommer que celles-là, et ces travaux ont été consignés dans la minute après l'événement. Notez que ces travaux sont réalisés par matérialisation et création sans destruction, et ils ont tous comme objectif d'empêcher les catastrophes.

Il a inventé des machines qui permettent par exemple la prévention d'explosions ou de tremblements de terre, d'accidents miniers, etc. Le 20 mars 2006, il a offert aux gouvernements du monde une transmission gratuite de ses inventions pour la prévention d'attaques terroristes. Les succès de Grabovoï sont innombrables et incontestables.

Tant en personne qu'à distance, il a réalisé des centaines de guérisons de malades au quatrième stade du cancer, du sida et d'autres maladies, avec attestations notariées à l'appui. Ces faits sont certifiés par l'ONU et par la médecine traditionnelle et prouvés par déclaration notariée des personnes guéries.

Dans plusieurs de ses livres, Grigori Grabovoï parle de la nouvelle médecine, celle de l'avenir qui existe déjà. Cette nouvelle médecine se base sur la pratique de la résurrection. C'est cette dernière qui détermine les principes de la nouvelle médecine, surtout le principe de la reconstitution totale de la matière. Cette médecine a déjà commencé à accomplir sa mission la plus importante : faire en sorte que les gens ne meurent pas.

Grigori Grabovoï aborde dans ses livres des phénomènes comme la lévitation, la matérialisation et la dématérialisation, la télépathie, la télékinésie, la téléportation, etc. Depuis longtemps, ces phénomènes constituaient des énigmes. Le temps est venu de donner des réponses.

Grâce à cette approche, tout environnement soi-disant hostile peut être transformé en un élément non agressif de l'environnement primaire. Cela permettra d'établir une stratégie efficace de comportement afin d'éviter les catastrophes écologiques et d'assurer le développement ultérieur non destructif de l'environnement. Il faut garder à l'esprit que la résurrection est effectivement la gestion de tout l'espace extérieur.

On pourra assurer plus d'harmonie avec l'environnement en créant, par exemple, des matériaux qui ne s'useront pas ou des machines qui n'auront pas besoin de ressources supplémentaires substantielles au cours de leur utilisation. Tout ceci est complètement réel. Comme la résurrection. Tout est entre nos mains.

Nous devons toujours nous rappeler une vérité très simple : l'homme est né pour jouir d'une vie heureuse, dans l'infinie plénitude.

Selon Grabovoï, tout homme est capable des mêmes réalisations, à condition d'accepter le postulat qu'il est possible de créer à partir de la conscience, de l'âme. Ce qui revient à accepter l'idée de Dieu ou tout au moins d'une intelligence créatrice primordiale qui est PÈRE ET MÈRE à la fois, à laquelle tout est connecté et qui englobe tout ce qui est.

Grigori Grabovoï enseigne la façon de contrôler la matière pour la sauvegarde de la planète. Toute son œuvre est dirigée sur le « macrosauvetage », c'est-à-dire sur le salut de tous les hommes sans exception. Il reçoit ses informations en jet continu directement de l'océan de la conscience cosmique, qu'il traduit en langage scientifique moderne. La science de Grabovoï inclut la structure de l'esprit et de la conscience, la structure et le fonctionnement de l'âme. Selon lui, notre âme est la première émanation du Créateur. Le Créateur est présent en toute chose, donc en nous. Nous sommes des images parfaites de lui, mais nous nous sommes écartés de la perfection originelle, de notre état spirituel, de la NORME. C'est cette NORME qu'il nous faut retrouver, et il nous en donne les moyens.

La conscience est une création directe de l'âme qui sert à projeter notre réalité physique. Étant donné que nous sommes faits à l'image du Créateur, tout est dans notre conscience. Nous pouvons alors sans aucune limite changer notre réalité, car tout dans l'univers est information et peut être changé, modifié selon notre volonté qui rejoint la volonté du Créateur.

Grigori Grabovoï est incontestablement un être incomparable par son enseignement, ses découvertes et ses réalisations technologiques. Il n'existe, à notre connaissance, rien de connu pouvant les égaler.

Lorsque les gouvernements du monde se trouvent en difficulté, ils se tournent continuellement vers Grabovoï pour ses découvertes exceptionnelles qui visent la guérison, le sauvetage et le salut global.

Il fournit à l'individu les conditions pour un épanouissement optimal. Par ses combinaisons chiffrées, il donne un accès facile aux connaissances, permettant d'augmenter la durée d'une vie saine, grâce aux technologies et à l'exploitation des structures de la conscience.

Par ses inventions, on peut scanner l'information et détecter les intentions des gens sans aller fouiller dans leurs poches ou dans leurs valises.

D'après ses plans et la technologie qu'il a développée, l'avion de demain ne pourra plus s'écraser. Il a fourni les instructions pour les modifier en conséquence.

Il est presque certain qu'il n'existe pas d'enseignements ou de technologies pouvant égaler ceux de Grabovoï.

Il est l'Hénoch et le Pythagore d'aujourd'hui, mais en plus grand dans ses réalisations. Il est venu pour matérialiser ce que ses prédécesseurs ont initié. Il est venu donner un sens à l'enseignement des grands prophètes, Moïse, Bouddha, Jésus, Mahomet et d'autres.

Jésus disait : « Je suis le Chemin et la Vie ; qui me voit, voit le Père. » Grabovoï fait appel au Créateur en chaque homme. Pour lui, l'âme est une parcelle du Créateur, une parcelle divine. Nous sommes créateurs. À ce que le CRÉATEUR veut et décrète, l'Univers obéit et se met à l'œuvre. Grabovoï nous invite à prendre conscience de ce fait et à créer positivement en laissant tomber nos bagages anciens et nos préjugés qui ne sont plus de mise dans le Nouveau Monde qui est en train de se créer sous nos yeux.

Les destructions se débarrassent de l'ancien. En nous libérant, en nous dépouillant pour vivre de l'essentiel, la vague ne pourra nous arracher que ce qui est en trop et qui nous encombre, nous alourdit.

Nous pourrons voir en nous-mêmes la voie qui est tracée par les Grands Maîtres comme Grigori Grabovoï. Aujourd'hui, la conscience humaine a grandement évolué. Nous sommes prêts à recevoir et à mettre en pratique ces enseignements qui sont ce qu'il y a de plus simple et de plus accessible à la masse des gens…

Grigori Grabovoï n'a pas échappé au traitement réservé à tout être pur ayant à cœur l'ascension de la planète Terre. Le 6 avril 2006, après qu'il a manifesté son intention de présenter sa candidature à la présidence de la Russie en 2008, il a été arrêté sous de fausses accusations et jeté en prison dans des conditions inhumaines…

Je suggère de lire la biographie complète du Dr Grabovoï, pour avoir une idée de la dimension de son œuvre. SI LES GOUVERNEMENTS DEVAIENT PAYER, IL N'Y AURAIT PAS ASSEZ D'OR DANS LE MONDE POUR LE FAIRE.

La plupart des grands hommes, des grands êtres venus en ce monde pour y apporter lumière et conscience ont été persécutés : Socrate a été condamné à boire de la ciguë, Jésus-Christ, le comte de Saint-Germain, Francis

Bacon, Gandhi, etc. La liste est longue. Grigori Grabovoï est libre aujourd'hui. Il travaille avec les gouvernements du monde afin que la planète soit épargnée par les crises catastrophiques qui la menacent.

Le plus important message de Grigori Grabovoï reprend celui que Jésus-Christ nous a laissé il y a 2000 ans : LA VIE ÉTERNELLE. À partir de maintenant, il n'est point besoin de passer par la mort pour y parvenir.

Ischaïa

POUR PLUS D'INFORMATION

www.ggrig.com/en/introductory-course-grabovoi
www.ggrig.com/en/plan-introductory-course-grabovoi
www.ggrig.com/en/sublicensees-info
www.saint-germain-morya.com

NOS PARUTIONS

INTRODUCTION AU PILOTAGE DE LA RÉALITÉ
Enseignements sur le salut et le développement harmonieux

par Grigori Petrovich Grabovoï
112 pages
ISBN : 978-2-923568-21-8

Grabovoï nous expose de manière simple et claire les principes sur lesquels son enseignement est fondé. Celui-ci s'adresse à chacun d'entre nous et peut nous aider à prévenir une éventuelle catastrophe globale, à recouvrer la santé et à la préserver afin d'assurer le développement harmonieux de l'humanité et, par extension, de l'Univers.

Ces techniques et outils de pilotage basés sur la puissance de la pensée sont à la portée de tous. D'ailleurs, beaucoup les utilisent sans s'en rendre compte ne serait-ce que pour la résolution de problème ou la prise de décision.

L'enseignement de Grabovoï nous révèle les structures de la conscience, les principes et les approches qui permettent de gérer nombre de situations pour transformer la réalité sans causer de préjudice. Il vise aussi à démontrer la possibilité de reconstituer complètement toute matière ainsi que toute information, ce qui rend caduque la notion de destruction.

Tous les éléments qui nous entourent sont interconnectés. Et nous faisons partie de ce réseau de connexions. Par conséquent, il faut faire en sorte qu'elles perdurent et qu'elles évoluent éternellement.

Voilà une entrée en matière parfaite pour appréhender l'enseignement sur le salut et le développement harmonieux de Grabovoï.

LES ÉTAPES DE L'ÉDUCATION
D'avant la conception jusqu'à l'Éternité

par Grigori Petrovich Grabovoï
112 pages
ISBN : 978-2-923568-13-3

Selon Grabovoï, l'éducation de l'enfant – et donc de l'adulte en devenir – doit commencer avant même la conception, dès la planification d'une future naissance. De plus, cette pratique n'étant pas destinée uniquement aux nouveau-nés, elle s'applique à tous les êtres vivants.

Dès la toute première étape, l'éducateur doit se concentrer sur l'Éternité – l'espace et le temps infinis – pour atteindre le but recherché : « Que l'enfant naisse, se développe de façon constructive et transmette l'essence de l'Éternité à l'Univers. »

Dans l'optique des connaissances fondamentales, l'éducation fournit une véritable individualité que le Créateur a initialement intégrée en nous. L'éducation est notre caractère individuel. En recevant cet enseignement basé sur la structure fondamentale de l'Univers, nous atteignons les connaissances que le Créateur nous a inculquées dès le début en tant que personnalité indépendante et libre.

Grabovoï nous donne ainsi un programme que l'on peut appliquer étape par étape afin que l'existence de l'enfant puis celle de l'adulte qu'il devient tende vers l'Éternité.

HAYRUKULUS
Conte initiatique

par Grigori Petrovich Grabovoï
128 pages
ISBN : 978-2-923568-20-1

Sous couvert d'images et de paraboles sibyllines, Grigori Petrovich Grabovoï nous offre ici un véritable conte initiatique. Tout en remontant à l'origine de l'Univers et des religions, il nous présente divers personnages qui symbolisent les êtres humains à travers leur quête d'amour, de bonheur et d'éternité.

La conscience humaine est infinie. Afin de pouvoir atteindre la vie éternelle, nous devons être en mesure de l'élargir par la pensée symbolique, selon certaines lois présentées de manière plus ou moins explicite dans cet ouvrage.

En passant d'une image à une autre lors de transitions soudaines et contrôlées, on peut obtenir des informations qui assurent la vie éternelle et le développement correspondant de l'esprit.

LE SYSTÈME DE CONNAISSANCES UNIFIÉES
Enseignements sur le salut et le développement harmonieux

par Grigori Petrovich Grabovoï
128 pages
ISBN : 978-2-923568-11-9

Aujourd'hui, de nombreuses personnes vivent cent, cent cinquante ans en bonne santé. Il est clair que le champ informationnel universel contient une structure qui permet à l'homme d'initialiser sa nature éternelle. C'est la pensée.

Dans ce livre, qui est en fait un cours donné par Grigori GRABOVOÏ, l'élève peut acquérir, grâce à l'élément cognitif, les bases nécessaires au développement de sa perception des structures subtiles.

L'auteur considère ici que tout événement extérieur, y compris les événements futurs, est un genre d'information. Pour guérir, il s'agit de transformer l'information relative à la maladie en information de bonne santé.

Grigori GRABOVOÏ est reconnu pour être un des plus grands scientifiques de notre temps. Il maîtrise presque toutes les sciences. Ses travaux visent à réunir la science et la spiritualité dans le but de rétablir la paix et l'harmonie dans le monde, mais aussi sauvegarder notre planète.

Il reçoit ses informations et ses enseignements directement de la Conscience cosmique.

Grigori GRABOVOÏ démontre et enseigne comment, par la conscience, l'âme et l'esprit, il est possible de créer une matière parfaite, de changer instantanément le cours de tout événement négatif, de régénérer tous les organes du corps humain, de guérir les maladies, de créer de nouvelles machines à énergie libre, de prévenir des catastrophes (tremblements de terre, explosions, accidents, etc.).

L'amplitude de cet éminent esprit qu'est Grigori GRABOVOÏ lui permet de donner à l'humanité des solutions pour traverser harmonieusement les passages difficiles dans lesquels elle se trouve actuellement.

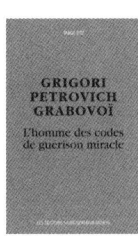

GRIGORI PETROVICH GRABOVOÏ
L'HOMME DES CODES
DE GUÉRISON MIRACLE

par Serge Fitz
232 pages
ISBN : 978-2-923568-10-2

À des époques cruciales où la laideur et la déchéance de l'esprit humain sont à leur paroxysme, des êtres très évolués s'incarnent sur Terre pour prêter main-forte à l'humanité. En 1963, la Russie a vu naître un de ces enfants des étoiles. Son nom est Grigori Petrovich Grabovoï, un homme d'une extraordinaire beauté et d'une incroyable humanité. On le dit en contact direct avec le divin, dont il reçoit des informations en jet continu. Ceux qui l'ont rencontré témoignent de l'immense douceur qui se dégage de son aura.

Poursuivant la mission de Moïse, de Pythagore, de Jésus-Christ et d'autres prophètes, il nous conduit vers une ère nouvelle de liberté et de responsabilité totales, dans une démarche d'Amour inconditionnel et de respect à l'égard de toute la planète. Son enseignement portant sur la guérison et sur le salut global est révolutionnaire et sans précédent. Il a mis au point des combinaisons chiffrées pouvant ressusciter des personnes décédées et guérir de toutes les maladies connues et inconnues. Des centaines de personnes en phase terminale de cancer et de sida ont été guéries par lui.

Des dizaines de ces guérisons sont certifiées par l'ONU et par la médecine traditionnelle et prouvées également par déclaration notariée des bénéficiaires.

En plus de ces dons extraordinaires, Grigori Petrovich Grabovoï possède des capacités exceptionnelles de téléportation de matière physique à n'importe quelle distance. Il est capable de changer les pièces d'un avion en plein vol… Utilisant sa clairvoyance, il en a examiné à distance des centaines, ainsi que la station orbitale MIR et le vaisseau spatial ATLANTIS se trouvant alors en très grave danger. Innombrables sont les catastrophes qu'il a ainsi écartées. Ses étonnantes inventions semblent venir d'un monde supérieur : des machines qui se téléportent en cas de danger, mettant l'homme à l'abri de tout risque corporel… De telles réalisations scientifiques n'ont jamais été concrétisées auparavant.

Comme Roger Bacon et d'autres de ses prédécesseurs, Grigori Petrovich Grabovoï paie par la trahison, l'humiliation, l'emprisonnement, l'isolement et l'incompréhension des hommes, son acceptation en tant que porteur de lumière et d'espoir sur une terre qui se montre toujours inhospitalière aux êtres supérieurs… On peut emprisonner son corps, mais en son âme et en son esprit il sera toujours libre et intouchable. Le nom Grigori Petrovich Grabovoï restera gravé dans la conscience humaine jusqu'à la fin des temps.

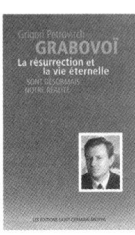

LA RÉSURRECTION ET LA VIE ÉTERNELLE SONT DÉSORMAIS NOTRE RÉALITÉ

par Grigori Petrovich Grabovoï
448 pages
ISBN : 978-2-923568-14-0

Ce livre interpelle tant il s'adresse à chacun du fait même que l'homme s'est rapproché de la menace d'autodestruction par des actes irréfléchis ayant pour conséquence des conflits, des famines, des épidémies, des pollutions, des dérèglements climatiques, engendrant des fléaux : cyclones, inondations, tempêtes, tremblements de terre...

Dans de telles circonstances, grâce à son influence magnétique et spirituelle, l'incarnation d'un grand maître, d'un supergénie, même s'il reste peu connu, a des conséquences bénéfiques pour toute forme de vie.

L'époque de la résurrection universelle et de la vie éternelle dans le corps physique émerge à présent. Les livres sacrés des grandes religions la mentionnent. Jésus l'a démontré par la résurrection de Lazare et par sa propre résurrection. On connaît l'histoire de grands hommes comme Nicolas Flamel et du Comte de Saint-Germain qui vit depuis dix-sept mille ans.

Le 14 novembre 1963 (14.11.1963), une de ces grandes lumières, comme une étoile filante, apparaît sur la terre de Russie. Entourée de mystère, elle représente une lueur d'espoir pour notre monde en péril : il s'agit de Grigori Petrovich GRABOVOÏ.

Le message de Grabovoï repose sur le panthéisme universel et l'âme collective du genre humain.

Pour la première fois dans l'histoire, sont exposés dans ce livre les méthodes et les principes fondamentaux de la résurrection.

Pour la première fois, la résurrection est présentée comme une science. Grabovoï est un des rares scientifiques – sinon le seul – à penser globalement. Par ses connaissances et sa pratique, il démontre et enseigne comment, par la conscience, l'âme et l'esprit, il est possible de créer une matière parfaite, de changer instantanément le cours de tout événement négatif, de guérir toutes les maladies, de régénérer tous les organes du corps humain, de ressusciter les morts, de créer de nouvelles machines à énergie libre, de prévenir des catastrophes (tremblements de terre, explosions, accidents, etc.). Par prémonition, il a permis en 1999 de prévenir une catastrophe nucléaire majeure à la centrale bulgare de Kozloduy, qui aurait pu transformer la planète en un nuage de poussière.

Son travail vise à réunir la science et la spiritualité en vue de rétablir la paix et l'harmonie, mais aussi afin de sauvegarder notre planète. La résurrection se présente comme la véritable voie de salut. Et comme elle est basée sur l'esprit, c'est un salut sans retour.

LA RÉGÉNÉRATION DE L'ORGANISME HUMAIN PAR LA CONCENTRATION SUR DES NOMBRES

par Grigori Petrovich Grabovoï
312 pages
ISBN : 978-2-923568-15-7

Grigori Petrovich Grabovoï est d'origine russe. Né le 14.11.1963, il fait partie de ce groupe d'êtres venus s'incarner sur Terre aux époques les plus cruciales. G. Grabovoï est reconnu comme un scientifique de génie, un clairvoyant, un guérisseur, un véritable Maître.

Le succès de ses méthodes de guérison est attesté par d'innombrables témoignages et des milliers de documents et de rapports certifiés. Il a reçu les louanges officielles de l'Organisation des Nations Unies (ONU) pour ses recherches et travaux qui visent le salut global de l'humanité et son développement harmonieux.

L'Académie des sciences de Russie lui a décerné la Médaille d'Argent honorifique de I.P. Pavlov – lauréat du prix Nobel – pour « l'avancement de la médecine et de la santé publique ».

Il démontre et enseigne comment notre conscience et notre Âme peuvent changer instantanément le cours de tout événement négatif, guérir toute maladie, régénérer les organes du corps humain, ressusciter les morts, créer de nouvelles machines à énergie libre… Car il a réalisé tout cela, et bien plus encore ! Ce livre nous offre les moyens de recouvrer la santé et l'harmonie grâce à la méthode de concentration sur des combinaisons chiffrées que l'auteur a élaborée au cours de sa pratique professionnelle, en relation directe avec la conscience cosmique.

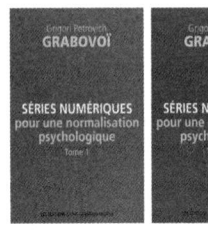 

SÉRIES NUMÉRIQUES POUR UNE NORMALISATION PSYCHOLOGIQUE

par Grigori Petrovich Grabovoï
Tome 1 : 368 pages
ISBN : 978-2-923568-17-1
Tome 2 : 256 pages
ISBN : 978-2-923568-18-8

L'ouvrage en deux tomes de Grigori Grabovoï, *Séries numériques pour une normalisation psychologique*, met à notre disposition une série de techniques de normalisation psychologique touchant les domaines suivants : psychodiagnostic, psychothérapie, psychologie sociale, psychologie du travail, psychologie pathologique, psychophysique, défectologie, psychologie de la perception, psychologie de la personnalité, psychanalyse, psychologie de la motivation, psychologie de la pensée, psychologie de la mémoire, psychologie des émotions, des sentiments et des sensations.

Ces techniques de normalisation d'événements liés au développement perpétuel de l'être humain sont associées à des séries numériques elles-mêmes en corrélation avec les termes et les concepts utilisés en psychologie. Dans le cas d'un terme qui signifie une déviation de la norme, la série numérique correspondante permet d'obtenir le retour à cette norme en organisant le développement perpétuel dans la direction créative. Lorsqu'il s'agit de la description d'un processus, la série numérique correspondante s'applique pour assurer le développement perpétuel.

La psychologie du développement perpétuel organise les relations sociales et les lois fondamentales qui assurent l'évolution éternelle réelle de l'homme et de l'humanité. Elle tend à ce que ces lois, qui comprennent l'absence de mortalité, la résurrection, et l'intégration de celles-ci dans l'activité humaine, se réalisent par l'application de méthodes psychologiques. La forme éternelle des relations sociales remplacera ainsi leur forme finale.

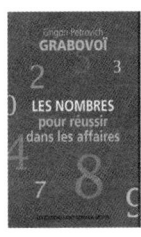 **LES NOMBRES POUR RÉUSSIR DANS LES AFFAIRES**

par Grigori Petrovich Grabovoï
168 pages
ISBN : 978-2-923568-16-4

Cet ouvrage contient des séries numériques qui, appliquées à des termes, des définitions et des notions du monde des affaires, vous permettront de développer votre propre entreprise avec succès, sur la base des technologies du développement perpétuel.

Les séries numériques apportent la solution à ceux qui recherchent la meilleure façon, à la fois optimale et efficace, d'utiliser les ressources limitées et souvent rares de l'activité économique.

Par ce truchement, elles permettent, dans le cadre de l'économie du développement perpétuel, d'atteindre l'objectif de satisfaire au maximum les besoins croissants et sans limites de l'homme et de la société.

EXERCICES DE CONCENTRATION ET D'EXPANSION DE LA CONSCIENCE

par Grigori Petrovich Grabovoï
96 pages
ISBN : 978-2-923568-12-6

Ces exercices établis pour chaque jour du mois sont conçus pour développer et élever le niveau de conscience, ce qui influencera de façon positive le cours de la vie. Cette prise de conscience vise à atteindre une santé parfaite à tous les niveaux de l'être en l'harmonisant avec le pouls de l'univers.

En consacrant chaque jour un peu de temps pour la pratique de ces exercices, de grands progrès spirituels seront réalisés. Et comme ce processus est sans fin, la vie s'améliorera de façon inouïe. Et cette amélioration se manifestera par la maîtrise des événements de votre vie quotidienne.

Toutes les personnes qui pratiquent quotidiennement ces mêmes exercices créent un puissant égrégore pour la réalisation du salut global.

LES CLEFS D'ASCENSION (livre I)
ou La Parole des Maîtres de la Fraternité Blanche

par Ischaïa et Sylvain Lagacé
312 pages
ISBN : 978-2-923568-00-3

Alors que le stress, les maladies de toutes sortes et la pollution rongent la vie sur Terre, que le matérialisme engendre l'indifférence face aux valeurs fondamentales du cœur, que l'humanité désorientée a perdu tous ses repères, ce livre apporte des solutions aux vraies causes de l'échec social et du désespoir des hommes face au chaos qui les menace.

Écrit dans un style clair et original, ce livre est une nourriture agréable et essentielle pour la vie quotidienne. Il véhicule l'espoir et donne le moyen de cheminer vers son cœur et d'y demeurer dans un état de conscience élevé. Les révélations inédites des Maîtres de la Fraternité Blanche, ces Maîtres de la Connaissance, démontrent que la volonté divine est toujours en action à travers la conscience et l'intelligence humaines.

Les Êtres de Lumière, guides spirituels de l'humanité, répondent avec beaucoup d'amour et de nuance à des questions essentielles que se pose l'homme qui chemine sur la voie de l'Ascension. Ils donnent en abondance leurs vibrations de lumière où chacun peut puiser, pour établir la paix dans son cœur et sur Terre.

LA TERRE INTÉRIEURE
ou Le Paradis terrestre retrouvé
Récit authentique d'un voyage
au centre de la Terre.

The smoky God par Emerson, Willis Georges
174 pages
ISBN : 978-2-923568-01-0

Certains chercheurs aventuriers et des sages de tous les âges nous révèlent l'existence d'un paradis terrestre. De nombreux contes et récits de plusieurs traditions du monde témoignent de l'existence de grottes partout sur la planète. Celles-ci conduisent en des lieux souterrains où vivent en secret des dieux, loin du regard des hommes. Si l'on tient compte de certains écrits dignes de foi, comme les Tablettes d'Émeraude de Thot datant d'il y a 36 000 ans, *La Vie des Maîtres* de Baird Spalding et les ouvrages, *Les mystères dévoilés* et *La présence magique,* qui relatent les expériences de Godfré Ray King avec le maître ascensionné Saint-Germain, ces êtres, des géants, semblent appartenir à la race antédiluvienne des Atlantes, ou même remonter à un passé plus lointain encore...

Cet ouvrage est loin d'être un roman. Il relate l'expérience vécue du norvégien Olaf Jansen et de son père qui, animés d'un courage indomptable, se dirigèrent au-delà du Vent du Nord, à la recherche de cette « Terre » dont ils avaient entendu vanter la douceur et la beauté. Projetés par une tempête dans l'ouverture polaire, ils se retrouvèrent à l'intérieur de notre planète, en un lieu paradisiaque où ils habitèrent pendant plus de deux ans. À leur retour en surface par l'ouverture opposée, le pôle Sud, un iceberg brisa leur petit bateau. Le père fut tué. Olaf, lui, fut sauvé de justesse par un bateau de pêche. Revenu parmi les siens, il tenta de raconter son aventure. Personne n'en crut un mot. On l'incarcéra pour aliénation mentale pendant vingt-huit longues années d'intenses souffrances. Inutile de préciser que ces années furent affreuses.

Libéré de ses chaînes, il s'établit aux États-Unis, d'abord en Illinois puis en Californie, où il vécut une vie solitaire, se gardant bien de reparler de son aventure afin de ne plus être enfermé. Vers l'âge de 95 ans, sentant venir la fin de sa vie, il appela à son chevet l'écrivain Willis George Emerson, son seul ami. Il lui remit les cartes de l'intérieur de la Terre qu'il avait dressées, ainsi que les écrits relatant son extraordinaire aventure.

ICOSAMERON (I et II)
Voyage au centre de la Terre

par Casanova di Seingalt,
Giacomo
Tome I : 576 pages
ISBN : 978-2-923568-03-4
Tome II : 552 pages
ISBN : 978-2-923568-02-7

Icosameron – Voyage au centre de la Terre est certes une exploration intérieure, un récit initiatique hors du commun, une œuvre magistrale et originale traduite de l'anglais par le célèbre Vénitien, Jacques Casanova de Seingalt, dont le nom restera au panthéon de l'histoire des grands de ce monde. Mieux que ses mémoires, cette œuvre devait assurer l'immortalité à ce géant de son temps que seul un petit nombre reconnaît à sa juste valeur.

Ce récit palpitant des 81 ans qu'Édouard et Élisabeth passèrent à l'intérieur de la Terre vient raffermir notre foi en un Dieu qui sut pardonner, en révoquant Sa sentence contre Ses enfants, Adam et Ève, à qui il ouvre de nouveau les portes du paradis de la Terre intérieure d'où ils furent chassés.

À la lumière de ses connaissances bibliques, Casanova nous démontre que la Genèse fournit des éléments qui rendent ce récit plausible. Voici deux extraits de son texte :

« J'ai écrit ce commentaire, non pas pour prouver que l'histoire du monde intérieur est vraie, mais pour convaincre les chrétiens qu'elle peut l'être à l'égard de l'Écriture Sainte. Pour ce qui regarde les objections que pourront me faire plusieurs savants physiciens, je ne m'en mets pas en peine et je les attends de pied ferme. Voici ce dont il s'agit. Un jeune Anglais et sa sœur tombèrent dans l'intérieur de notre globe. Ils y trouvèrent un monde éclairé par un astre, monde bien digne d'être préféré à cette pauvre surface, exil d'Adam où nous rampons, héritiers de sa faute et de ses peines. Ils trouvèrent ce monde-là habité par une race d'hommes différente de la nôtre, en nature, en forme, en mœurs ; mais hommes, car doués de la faculté appelée raison qui seule distingue l'homme de la bête. »

« Personne au monde n'est en état de décider si cet ouvrage est une histoire ou un roman, pas même celui qui l'aurait inventé […] L'homme qui lit doit se mettre à son aise et croire vrai tout ce qu'il trouve vraisemblable et faux tout ce qui choque sa raison. »

« Icosameron » ou vingt soirées de récits palpitants de l'incroyable aventure d'Édouard et Élisabeth au centre de la Terre.

LE LIVRE DE L'HOMME NOUVEAU
Parole des Maîtres Ascensionnés

par Ischaïa
578 pages
ISBN : 978-2-923568-04-1

Ce livre doit être salué pour l'originalité de son rythme éditorial, pour sa valeur de document sacré, « d'audit spirituel » des grands dossiers de l'homme : transition et accompagnement des enfants mort-nés ou en bas âge ; les adultes, les parents miroirs de l'enfant, la maladie mentale, karma et miséricorde… des grands dossiers du monde : la répercussion des ondes électriques sur le cerveau humain, les agents polluants et leurs effets nocifs sur les humains, les humains et la maîtrise de la technologie, les vertus…

Ce livre est puissant : c'est le levain de l'Amour inconditionnel, le levier des consciences qui devrait être déclencheur d'une transformation spirituelle pour l'homme nouveau. Il est dédié à l'humanité d'aujourd'hui parvenue à l'apothéose des performances technologiques certes, mais bien appauvrie des valeurs spirituelles.

Ce livre incorpore l'Énergie de la Source divine contactée pendant plus de trois ans par trois amies qui ont vécu l'apprentissage spirituel nécessaire à cette communication avec l'Assemblée des Maîtres Ascensionnés. Avec cet élargissement de conscience acquis au cours de ces moments exceptionnels et privilégiés de dialogues avec les Êtres de Lumière, leur vie a changé.

Une manifestation aussi exceptionnelle de la Hiérarchie céleste est le signe tangible que les Maîtres Ascensionnés sont présents et qu'ils veillent chacun, selon leur rôle, sur l'état du monde et manifestent maintenant, aux yeux de tous, le fil d'or de l'Amour inconditionnel donné en abondance aux humains tout au long de cet enseignement. Mère Marie nous dit : « Louangez et bénissez Dieu de vous donner accès aux informations qui vous parviennent aujourd'hui. En aucun temps de l'histoire de l'humanité, il ne vous est parvenu dans un si court laps de temps autant d'informations de la Hiérarchie. Soyez donc dans la gratitude. »

LES MAÎTRES
ENTRETIEN AVEC I-EM-HOTEP
Spiritualité/Channeling

par K. Barkel
176 pages
ISBN : 978-2-923568-05-8

Ce livre est d'un intérêt capital pour ceux qui cherchent à résoudre l'énigme de la vie, à savoir d'où ils viennent et où ils vont.

Ils y trouveront des informations et indications pratiques d'une valeur inestimable, ainsi que des notions qui font entrevoir les plus profonds aspects de l'ésotérisme et l'immensité des mondes dont nous faisons partie. Les informations qu'il contient pourront éclairer le sentier qui mène à la Vérité, source de tous les enseignements religieux.

L'homme étant fait à l'image du système solaire, lorsqu'il ouvre son cœur et son esprit, il peut contacter des êtres vivant ailleurs et dans des sphères supérieures. Les prophètes, les saints, hommes et femmes de tous les temps, ont communiqué avec ces Grands Êtres. Des révélations très précises sont données sur ces sages qui composent la Grande Fraternité universelle et qui avaient été révélés auparavant pour la première fois par H.P. Blavatsky.

I-EM-HOTEP est une entité de l'Égypte ancienne qui enseigna à un groupe d'étudiants de l'ésotérisme à Londres en 1936, par l'intermédiaire du Channel : Madame K. BARKEL. I-EM-HOTEP était scribe et conseiller principal du roi Zozer. En plus de ses fonctions, il était médecin et architecte. C'est lui qui construisit la pyramide à degrés de Saqqarah qui servit de sépulcre au roi. Il était hiérophante du système religieux du pays et pleinement entraîné à l'ésotérisme car, disait-il, « toute la sagesse provient de l'ésotérisme, sans laquelle la Vérité ne peut jamais être trouvée ».

I-EM-HOTEP est associé à Thot (Saint-Germain). Il est divinisé en tant que fils de PTAH l'Ancien. Cet enseignement d'une très grande profondeur fera beaucoup de bien à ceux qui cherchent.

L'ALLIANCE AVEC LE DIVIN
Triomphe de la Lumière

par Ischaïa (B. Amazan)
232 pages
ISBN : 978-2-923568-06-5

Au seuil de l'Ère Nouvelle, nous observons nombre d'événements des plus exaltants aux plus inattendus. Nous prenons connaissance de découvertes importantes jusque alors considérées par l'homme ordinaire comme appartenant à l'imaginaire, aux croyances ou aux faits du hasard. Citons par exemple le cas de ces enfants qui jouent avec des animaux jugés par l'homme comme étant des plus dangereux. On découvre aussi des humains qui vivent depuis 65 ans sans manger ni boire ; d'autres qui vivent à un âge très avancé, allant jusqu'à 250 ans et plus ; de plus en plus d'enfants naissent avec des talents remarquables et des facultés incroyables, etc.

Quel secret se cache derrière ces « miracles » ? Ce secret est gardé en l'homme et les clés pour le découvrir sont aussi en lui.

Nous entrons dans l'Ère où les hommes et les dieux se reconnaissent dans leur filiation divine. Ils mangent à la même table et parlent le même langage, celui du cœur.

« Aucun temple n'est si souillé qu'il ne puisse être nettoyé. Aucune pensée n'est si tordue qu'elle ne puisse être redressée. Et aucun cœur n'est si fermé qu'il ne puisse être ouvert à la joie de l'amour pur. » L'homme retrouvera son héritage perdu. Son corps de chair sera lavé, il triomphera de tous ses ennemis intérieurs et retrouvera sa liberté sur le plan de l'âme.
Cet ouvrage, *L'Alliance avec le Divin, Triomphe de la Lumière* offre des clés simples qui ramènent l'homme à l'unité originelle avec son être divin.

LE RAYONNEMENT DU VÉGÉTARISME
Les 12 raisons du végétarisme
Le végétarisme et la paix

par Jacques de Marquette
248 pages
ISBN : 978-2-923568-19-5

Une pesante réalité multimillénaire impose à l'homme la nécessité de se nourrir... Quelle attitude l'homme a-t-il adoptée pour y faire face ?

Les penseurs végétariens avaient indiqué un chemin qui n'a jamais été oublié et qui resurgit à notre époque où la consommation de viande, pour une population sans cesse en augmentation, génère une préoccupation écologique majeure, tant par les dégagements de gaz à effet de serre, dus à l'élevage, que par la consommation d'eau pour les animaux, que par l'utilisation de terres arables qui pourraient être réservées à l'alimentation humaine et non plus animale, sans oublier les flots de sang des animaux dans les abattoirs et aussi dans les laboratoires scientifiques...

La préhistoire a connu l'anthropophagie qui a laissé place à la consommation de viande animale, situation dénoncée avec énergie par Pythagore dès le Ve siècle av. J.-C., en déclarant qu'une partie des maux de la Terre provenait de ce que l'homme osait détruire ses frères les animaux pour se repaître de leurs cadavres et il ne voyait presque pas de différence entre un anthropophage et un carnivore : peut-être exagérait-il ?

« La consommation de chair animale est absolument immorale, puisqu'elle implique un acte contraire à la morale : la mise à mort. »
Léon Tolstoï

« Je crois que l'évolution spirituelle exige, à un certain stade, que l'on cesse de tuer nos frères les animaux pour la satisfaction de nos désirs corporels. »
Le Mahatma Gandhi

« L'homme primitif dévorait ses semblables. L'homme actuel mange les animaux. L'homme futur se nourrira surtout de végétaux. L'homme ultra-futur prendra les forces du soleil vital par l'intermédiaire de la respiration. À ce stade, ni haine, ni misère, ni maladie n'existeront. »
François Brousse

LE COMTE DE SAINT-GERMAIN ET LES MAÎTRES DE L'AGGARTHA DANS L'ŒUVRE DE FRANÇOIS BROUSSE

par Jean-Pierre WENGER
478 pages
ISBN : 978-2-923568-08-9

J'apparais personnellement à travers les âges comme une comète éternelle et vagabonde. On m'a vu dans l'antique continent atlante, tel un sage aux pouvoirs mystérieux. J'ai surgi à la base des grandes civilisations, comme une providence vivante, sous les masques d'Imouthès, le dieu constructeur de pyramide, d'Amourrou, celui qui sait les chemins de la Montagne, de Zerovanus, le contemplateur des deux Principes invincibles. […]

Au XVIIIᵉ siècle, alchimiste immortel, je fabriquais de l'or, faisais grossir des perles, purifiais des diamants, guérissais des maladies, dévoilais l'avenir du monde. Au XIXᵉ siècle, j'ai fondé, avec Koot-Houmi et El Morya, cet édifice de granit, la Société théosophique où furent étudiés les mystères essentiels de l'univers. Sa fondatrice officielle, l'étonnante Helena Petrovna Blavatsky, sortait des sanctuaires initiateurs de l'Asie. Elle fut sur la Terre notre disciple bien-aimée, notre messagère fulgurante. […]

Aujourd'hui, c'est à vous [François Brousse] que je me présente, apportant révélations métaphysiques, scientifiques, prophétiques et méthodologiques.

Le comte de Saint-Germain
(propos tenus dans Les Visiteurs des millénaires)

Il faut savoir que le but de l'évolution est de fabriquer des humains immortels, non dans leur corps physique (utopie contradictoire), mais dans leur corps éthérique. Ils peuvent alors, par la concentration de leur volonté, condenser des corps tangibles. La nuance est de taille ! Ainsi le comte de Saint-Germain et Melchisédech apparaissent-ils d'âge en âge, avec de longues périodes d'occultation. Donc, l'explication éthérico-créatrice illumine les mystères de l'Aggartha.

L'Aggartha est composée de ces hommes surhumains qui sont devenus des dieux. Ils ont atteint l'immortalité parfaite en ce sens qu'ils ont un corps éthérique indestructible, grâce auquel ils peuvent refaire à leur gré des corps physiques.

L'Aggartha comprend vingt-deux grands maîtres, ceux qui ont atteint la conscience cosmique et l'illumination permanente. […] Ces vingt-deux grands sages sont les points de convergence de l'humanité tout entière. En l'Aggartha, il y a la puissance, l'amour, la sagesse et la création de la beauté, ce qui fait que l'homme devient semblable à Dieu, Dieu qui est à la fois le grand poète, le grand géomètre et le grand amoureux éternel. […] Ces maîtres ont atteint l'immortalité du corps éthérique. […]. En voici les noms… (cf. chap. L'Aggartha)

François Brousse (1913-1995)

CD LE COMTE DE SAINT-GERMAIN
Sa voix, Son message, Ses révélations,
Sa promesse

par le comte de Saint-Germain
Corps d'adoption : Richard Chanfray

Saint-Germain est l'un des plus grands hommes connus sur terre. Envoyé de l'Agartha, il est derrière tous les rois et hommes politiques, grands ou petits, de notre monde. Il est sur terre depuis 17 000 ans... sans mourir. On le nomme à juste titre le « Comte immortel ». Le 28 janvier 1972, invité à l'émission télévisée Le Troisième Œil, il déclara devant vingt millions de téléspectateurs : « Je suis le Comte de Saint-Germain. » Et pour le prouver, il transmuta en or 18 carats, un fusible de plomb sous l'œil des caméras. Cette opération fut répétée plus d'une fois pour satisfaire les incrédules.

Voici la conclusion de Son précieux message que nous vous présentons sur ce disque compact. Il convient de l'accueillir comme une promesse : « ... À ceux qui ont écouté mon message et qui m'ont reçu avec sincérité, à ceux qui m'approchent et me reçoivent, je peux dire encore une chose, c'est qu'ils ne mourront pas tout à fait. L'esprit de leur matière ne sera pas perdu. Ils se retrouveront à l'Agartha. Tel est mon message. Très attentivement à vous tous... »

Le grand maître Saint-Germain, ce Frère Cosmique, offre l'Ascension à l'humanité entière, car seuls les êtres purs peuvent pénétrer les portes secrètes de l'Agartha, là où l'homme vit sa première ascension ; ce lieu qui est le paradis sur terre, que peu d'humains ont visité... Que chacun reçoive ce message, cette promesse, avec son cœur.

CD CONNEXION, ENRACINEMENT ET CONSCIENCE DE SOI
Expérimentez le pouvoir de la méditation
et de la visualisation

par Ischaïa
ISBN : 978-2-923568-07-2

Ischaïa et les Éditions Saint-Germain-Morya vous présentent une série de 3 CD qui ont pour but de s'enraciner, de se connecter et de purifier les chakras.

Ces méditations et visualisations permettent de réaliser la détente et le calme, qui sont essentiels à la guérison physique, mentale et émotionnelle. Elles sont des outils puissants qui ouvrent la voie menant au sommet, au centre de son être, vers l'acceptation et la guérison de soi.

Elles permettent d'intégrer un certain détachement face aux situations et problèmes de la vie quotidienne tout en procurant les clés nécessaires pour les résoudre.

Le seul moyen d'appréhender l'univers extérieur, c'est de se connecter intérieurement.